KB033934

# 하류지향

# 하류지향

우치다 타츠루 씀 · 김경옥 옮김

민들레

# 차 례

# 글로벌 자본주의의 펀치를 맞은
# 국민국가의 미래

여러분 안녕하세요. 우치다 타츠루입니다.

이 책은 몇 해 전에 한국어로 번역 출판되었다가 절판이 되었더랬습니다. 출판 당시 한국에서 유학 생활을 하던 제자가 인터넷에 올라온 서평들을 번역해서 보내주었는데, 호평은 적었던 것으로 기억합니다. 그러니 절판이 되었겠지요.

그렇게 절판된 책이 몇 년 만에 새롭게 번역 출간된다고 합니다. 이는 상당히 예외적인 일인 줄 압니다. 대체 이 책을 둘러싼 상황이 어떻게 달라진 것일까요? 하나는 저의 다른 책들이 계속 한국어로 번역되어 어느 정도 안정적인 독자층이 생겼기 때문이라고 생각합니다. 물론 많아봤자 수천 명 정도겠지만, 그 정도 독자층이 있으면 새롭게 출간해도 팔릴 것입니다. 물론 그뿐만은 아니겠지요. 왜냐하면 이 책 말고도 수많은 책들이 있고, 제가 쓴 다른 책들도 수십 권이 있는데 출판사가 굳이 한 번 절판된 책을 선택한 데는 또 다른 이유가 있을 것입니다. 몇 년 전에 냈다가 팔리지 않아 절판된 책, 그다지 사람들의 주목을 받지 못한 '실패한' 책을 다시 낸다는 것은 꽤 리스크가 큰 일입니다. 왜 출판사는 그런 리스크를 감수하면서까지 이 책을 선택했을까? 그에 대한 제 생각을 서문으로 대신하고자 합니다.

이 책이 일본에서 처음 출판된 것은 2007년이지만, 이 책의 원류가 된 강연은 2005년에 있었습니다. 일본에서 '공부하지 않는 아이들과 일하지 않는 청년들'을 논의한 글이 8년 후에, 그것도 옆 나라지만 사회적 상황이 꽤 다른 한국에서 읽히게 되는 이유는 무엇일까요? 이 책에서 이야기되고 분석된 현상이 지금 한국에서도 절실한 문제가 되고 있기 때문이 아닐까 싶습니다. 그 이유 말고는 달리 설명할 길이 없습니다.

다시 말하면 일본 사회가 경험하고 있는 '배움과 노동으로부터 아이들이 달아나는 현상'이 국제적으로 공통된 문제라는 뜻이지요. 아마도 이와 유사한 현상은, 규모와 심각성은 달라도 세계 모든 선진국에서 일어나고 있지 않을까 싶습니다. 그렇다면 그것은 어떤 현상일까요? 거칠게 말하자면 '글로벌 자본주의와 국민국가의 이익이 상반되는 사태'가 아닌가 하고 저는 생각합니다.

국민국가라는 것은 국경이 있고 관료제도와 상비군이 있고 국적과 귀속의식을 가진 '국민'을 구성원으로 하는 공동체를 가리킵니다. 이 국민국가가 기본적인 정치 단위로 등록된 것은 대략 4백 년 전입니다. 정치사적으로는 1648년에 성립된 베스트팔렌 조약이라는 탄생의 역사를 갖고 있습니다. 그 이전, 즉 신성로마제국이 유럽을 지배하던 시대에는 지금 우리가 쓰고 있는 의미에서 '국민국가'라는 것은 존재하지 않았습니다. 네덜란드 영주와 카스테리아(스페인의 역사적 지역 명_역주) 여왕 사이에서 태어나 스페인 왕이 된 신성로마제국 칼 5세는 플랑드르에서 출생해 파리에서 살면서 프랑스어를 썼습니다. 그런 '초영역적' 권력이 유럽을 지배하던 시대가 17세기에 끝나고 대등한 주권을 가진 국가들이 자국의 국익을 위해 전쟁을 포함한 복잡한 외교관계를 맺게 되었지요. 이 국민국가를 기본 단위로 하는 국제질서를 '베스트팔렌 체제'라고 부릅니다. 이 체제가 대략 4백 년 정도 계속되었지요. 이 체제도 탄생일이 있는 정치제도인 이상 유효기간도 있기 마련입니다. 지금 우리는 '베스트팔렌 체제' 말기에 들어서고 있다고 저는 보고 있습니다.

국민국가라는 정치 단위에 재기불능의 타격을 가한 것은 다름 아닌 '글로벌 자본주의'입니다. 글로벌 자본주의에 기초해서 기업 활동을 벌이는 사업체를 흔히 '글로벌 기업'이라고 부르죠. 이런 글로벌 기업은 더 이상 특정 국민국가에 귀속되지 않습니다. 경영자도 주주도 같은 나라의 국민이 아닙니다. 언어도 종교도 생활습관도 다릅니다. 그들에게 공통된 것은 기업의 수익을 늘리고 주가를 올리고 적절한 타이밍에 다 팔아서 자기 이익을 확보하는 것, 그뿐입니다.

일본의 대기업들은 거의 다 글로벌화되었거나 되어가고 있습니다. 그런 기업은 더 이상 자국민들의 일자리 창출이나 지역사회에 대한 지원, 조국의 국익 증대에 관심이 없습니다. 설령 관심이 있다 해도 외국인 주주로부터 '그런 남는 돈이 있으면 주주에게 배당하라'는 클레임을 받게 되겠지요.

'보살피지 않으면 안 되는 가난한 친족'을 안고 있는 국민경제 내부적 기업과 그러한 부양가족을 갖지 않는 글로벌 기업은 국제경쟁력이 다릅니다. 그래서 기업이 살아남으려 한다면 글로벌화, 곧 탈국민국가화할 수밖에 없지요.

글로벌 기업은 그들이 경제활동을 하고 있는 나라의 정부에 요구합니다. 법인세율을 낮추고, 노동자 임금을 낮추고, 공해 규제를 완화하고, 원자력 발전으로 전력을 저렴하게 공급하고, 사회적 인프라를 위해 국비를 지출하도록 말이지요. 그리고 그 요구가 받아들여지지 않으면 생산거점을 해외로 옮기겠다며 협박합니다. 그리 되면 고용이 줄고 소비가 얼어붙고 지역경제가 붕괴하고 법인세수가 격감해 국민국가를 꾸려나갈 수가 없습니다. 어쩔 수 없이 정부는 그 요구에 굴복합니다.

그 결과 국민국가에 대한 귀속의식이 없는 기업일수록 국민국가로부터 많은 서비스를 기대할 수 있다는 도착된 법칙이 성립하게 되었습니다. 그리고 현재 그 도착된 법칙은 '세계 표준'이 되어가고 있습니다. 국부를 사유재산으로 바꾸는 데 열심인 사람, 공공의 복리보다 사적이익을 우선하는 사람을 해당 국가가 전력을 다해 지원합니다. 그것이 지금 미국과 중국, 일본, 아마도 한국에서도 일어나고 있는 실상일 것입니다.

이대로 이 '글로벌 법칙'이 확산되면 어떻게 될까요. 언젠가 모든 국민이 글로벌 기업의 방식을 보고 배워서는, 어떻게 하면 국부를 사유

재산으로 바꿀 수 있을까, 어떻게 공공의 비용을 들여 자기 이익을 챙길 수 있을까, 어떻게 사적인 일에 공무원을 이용할 수 있을까에 대한 지혜를 짜내게 되겠지요. 그런 국민 수가 일정한 비율을 넘어섰을 때 국민국가는 명실공히 끝나게 될 것입니다.

이 도착된 법칙을 합리화하고 있는 것이 신자유주의자가 말하는 트리클 다운trickle down 이론입니다. '선택과 집중'에 의해 국제경쟁력이 높은 부문에 국민적 자원을 집중하면, 국가 지원을 받은 기업은 글로벌 경쟁에서 이겨 큰 수익을 올립니다. 그 수익의 일부가 언젠가는 '가난한 사람들'에게도 돌아간다는 것이 트리클 다운 이론입니다.

하지만 이것은 실제로는 꿈 같은 이야기입니다. 이 이론의 선진국인 미국에서도 중국에서도 성공한 이들은 개인자산 형성에는 열심이지만 약자를 위한 재분배에는 열의를 보이지 않았습니다. 생각해보면 당연한 일입니다. '선택과 집중' 전략의 성공에서 도출되는 경험 법칙은 '자원을 강자에게 집중하고 약자에게는 분배하지 않는 것이 성공의 비결'이기 때문입니다. 그런데 오늘날 일본 사회를 보면, 소수 사람에게 권력과 재화가 집중되고 대다수 사람들은 하층으로 계층 하강하는 것이 뻔히 예측되는 이 '국민국가 해체' 흐름에 과반수의 국민이 소극적이긴 해도 동의하고 있습니다.


일본의 경우는 2012년 말에 들어선 아베 내각이 소비세 증세, 최저임금 낮추기, TPP* 참가, 복지예산 삭감 등 '빈익빈 부익부' 정책을 계속 제안하고 있지만 거기에 정면으로 반대하는 정치세력은 거의 존재하지 않습니다. 도대체 왜 그럴까요?

국민의 태반이 빈곤층으로 전락하는 사회제도 개혁에 왜 해당 국민들이 찬성하는 것일까요? 자신만은 약삭빠르게 처신해서 '소수의 성공자' 무리에 낄 수 있다고 생각하고 있는 걸까요? 아니면 자기 자신은 더 이상 상층으로 올라갈 희망이 없어 보이니까 빈곤층 친구를 늘임으로써 스스로의 패배감을 희석시키려고 하는 것일까요? 혹은 사고력을 잃어버려서 제 정신이 아닌 걸까요?

물론 일본 국민이 정신이 나간 것은 아닙니다. 그들은 주관적으로는 합리적으로 사고하고 행동하고 있습니다. 그런데 개개인들이 그 나름으로는 합리적으로 행동하더라도 그런 사람들이 일정 수를 넘으면 그 행위가 비합리적인 결과를 만들어내는 경우가 종종 있습니다. '부분 적합, 전체 부적합' 또는 '단기 적합, 장기 부적합' 상태인 것이지요.

예를 들면 부부가 아이를 낳지 않는 것은 육아와 교육에 드는 비용을 절약할 수 있고, 부부의 사회적 자유를 신장시키기 때문에 사회적 경쟁에서도 단기적으로는 유리하게 작용합니다. 하지만 모든 부부가 아이를 낳지 않게 되면 한 세대 후에는 사회 자체가 소멸해버리고 말지요. 기업이 노동자의 고용 조건을 점점 열악하게 만들면 비용 절감 덕분에 기업의 국제경쟁력은 높아지고 수익도 증가합니다. 하지만 노동자의 구매력이 완전히 떨어져버리면 언젠가 시장 그 자체가 소멸해버리

---

* 환태평양경제동반자협력체제(Trans-Pacific Partnership): 2015년까지 아시아·태평양 지역의 관세 철폐를 목표로 뉴질랜드·싱가포르·칠레·브루나이 4개국이 2005년 체결한 자유무역협정으로 맺어진 협력체제. 이후 미국·호주·뉴질랜드 등이 참여하여 2013년 3월 현재 11개국이 참여하고 있다._역주

게 됩니다.

그러므로 보통은 '눈앞의 이익을 좇다가 장기적으로는 큰 손해를 입게 될 리스크가 있는 일'은 하지 않습니다. '장기적'이라고 했을 때 우리는 보통 자신의 생존 기간뿐만 아니라 자녀와 손자 세대까지 대략 100년은 시야에 넣습니다. 국민국가의 성원이 '장기적'이라는 말을 사용할 때의 '장기'는 그런 식으로 살아 있는 인간의 수명을 기준으로 삼습니다.

하지만 글로벌 기업이 '장기적'이라는 말을 사용할 때 그들 또한 수명을 기준으로 삼고 있음을 잊어서는 안 됩니다. 주식회사의 평균 수명은 일본에서는 7년, 미국에서는 5년입니다. 이 말은 그 이상 긴 기간을 염두에 두고 '최적 행동'을 고려하는 것은 기업 활동상 무의미하다는 것입니다.

예를 들면 환경에 장기적으로 나쁜 영향을 미치는 유해물질을 배출함으로써 단기적으로 이익을 얻을 수 있는 행위는 기업으로 봐서는 충분히 '합리적인' 행위라고 할 수 있습니다. 사실 우리에게는 그것을 비판할 권리가 원칙적으로 없습니다. 왜냐하면 우리 또한 '이런 짓을 계속하면 1만 년 후 환경에 파멸적인 영향이 예상된다'는 말을 들어도 그런 것은 걱정하지 않기 때문이지요. 1만 년 후에는 인류 자체가 멸망할지도 모르는데 알 바가 아닌 겁니다. 10년 후에 환경오염으로 암환자가 속출하는 리스크가 있다 해도 그 전에 기업이 사라질 수도 있다면 그런 것은 기업 입장에서 고려할 바가 아닌 거지요. 그렇습니다. 어떤 행위의 합리성 여부는 그것을 판정하는 자가 자신의 수명을 어느 정도로 보느냐에 따라 전혀 다른 양상이 될 수 있습니다.

제가 앞에서 '글로벌 자본주의와 국민국가의 이익은 상반된다'라고 했는데, 이는 단적으로 말하면 글로벌 자본주의는 '수명이 5년인 존재'를 기준으로 해서 매사를 판정하는데 비해 국민국가는 일단 '수명 100년 이상의 존재'를 기준으로 매사를 판정하고 있다는 것입니다. 어떤 의미에서는 그 차이밖에 없다고 할 수 있습니다. 그러나 그 차이가 너무나 선명하기 때문에 절망적으로 타협할 수 없는 대립 지점이 생기고 마는 것이지요.

이러한 이익 상반이 가장 첨예한 형태로 나타나고 있는 영역이 바로 학교교육입니다. 학교는 애당초 국민국가의 내부 장치입니다. 학교의 설립 목적은 '차세대 국가를 책임질 수 있는 성숙한 시민의 육성'입니다. 제대로 된 어른을 계속해서 길러내지 않으면 사회는 유지되지 않습니다. 그러므로 '어른을 키운다'는 것은 100년의 안목으로 볼 때는 아주 합리적인 행동이 됩니다.

하지만 글로벌 자본주의는 그런 것을 추구하지 않습니다. 그들이 추구하는 것은 '일단 다음 4분기의 수익을 올리는데 필요한 인재 육성'입니다. 능력 있고, 임금이 낮고, 체력이 있고, 권리의식이 희박하고 비판정신이 결여되어 상사의 말에 순종하고, 어떠한 공동체에도 귀속되지 않고 누구에게도 의존하지 않아 회사의 전근 명령 하나로 곧바로 해외 지점이나 공장에 부임할 수 있는(이를 일본의 교육계는 '글로벌 인재'라고 부르고 있습니다) 그런 청년을 대량으로 공급해줄 것을 학교에 요구합니다.

국민국가 내부적인 발상을 하는 교사들은 그런 요구에 강한 위화감을 느낍니다. "그런 아이들만 키울 경우 30년, 50년 후에 어떻게 될까?" 하는 불안을 느낍니다. 제대로 된 가정을 가질 수 있을까? 아이를 키울 수 있을까? 지역사회를 책임질 일꾼이 될 수 있을까? 국민국가의 구성원으로서 공공의 복리를 배려할 수 있을까?

하지만 이런 물음들은 국민국가 내부적으로는 의미가 있지만 글로벌 기업으로서는 완전히 넌센스인 물음입니다. 30년 후에는 아마도 지금 글로벌 기업의 95퍼센트는 지상에서 사라지고 난 뒤일 테니까요. 자신이 사라진 후의 일은 알 바가 아니지요. 그들의 입장에서 보면 '학교교육을 글로벌 기업을 위한 체제로 변화시킴으로써 국민국가가 장기적으로 입게 될 피해'를 신경 쓴다는 것은 '앞으로 10억 년 후에 태양이 소멸할 때 지구가 받을 피해'에 대해 끙끙거리며 걱정하는 것과 본질적으로는 다르지 않은 것입니다.

학교교육을 비롯해 오늘날 세계의 모든 부문에서 '글로벌 자본주의 원리'와 '국민국가 원리'가 다투고 있습니다. 그것은 '수명이 다른 존재' 사이의 헤게모니 투쟁이라고 봐도 좋겠지요.

배우지 않는 아이들, 일하지 않는 청년들은 글로벌 자본주의의 '수명 감각'을 꽤 깊게 내면화한 이들이라고 할 수 있습니다. 그들은 아마도 자신의 수명을 5년 정도로 설정해서 그것에 기초해서 '학교에 다니는 것의 불합리'와 '노동하는 것의 부조리'를 판단하고 있을 것입니다. 그러한 논리에서는 옳은 판단입니다. 그런데 문제는 그들의 생물로서의 수명은 5년으로 끝나지 않는다는 데 있지요.

이 책을 집필하고 있을 당시에는 저 자신도 그 정도로 문제가 심각할 것이라고는 생각하지 않았습니다. 하지만 그 이후에도 일본은 문제해결을 위한 단서를 찾지 못했습니다. 이런 위기감을 공유하는 사람은 적지 않습니다. 그들은 어떻게든지 '국민국가적인 것' 다시 말해 '수명이 긴 공동체'를 염두에 두고 그 구성원으로서 앞선 세대로부터 어떤 이야기를 이어 받아서 다음 세대에 전하는 구조를 채용하지 않으면 아이들을 성숙으로 이끌기가 어렵다는 사실을 이해하고 있습니다.

저는 그런 강한 위기감을 가진 사람들이 자연발생적으로 '배움과 노동의 거점'을 구축해서 글로벌 자본주의가 발사한 '압도적인 합리성'에 대항하는 것 말고는 달리 단기적인 전략을 구상할 수 없습니다. 만약이 책이 한국에서 그러한 운동을 담당하고 있는 사람들, 그런 운동에 교육의 미래를 걸고 있는 사람들에게 조금이라도 도움되는 점이 있다면 저로서는 매우 기쁘겠습니다.

2013년 6월
우치다 타츠루

# 공부와 일에서 도피하는 세대와
# 소통하기

이 책의 주제는 '왜 요즘 아이들이 공부와 노동으로부터 도피하는 가'입니다. '공부에서 도피하기'는 도쿄대학 교육학부 사토 마나부佐藤 学 교수가 처음 쓰기 시작한 말입니다. 사토 교수는 1990년대부터 빠르게 시작된 학력 저하의 원인을 찾는 과정에서, 아이들이 게을러졌거나 가르치는 교사의 교육 방법이 나빠져서가 아니라, 아이들이 적극적으로 공부로부터 도피하기 시작한 데 원인이 있다고 보았습니다.

에리히 프롬의 『자유로부터의 도피』는 긴 역사적 투쟁의 성과로 힘들게 확보한 시민의 자유를 20세기 선진국 시민들이 헐값에 넘기고 독재정권이나 기계화에 굴복하는 도착적인 현상을 분석한 심리학의 고전으로 통합니다. '공부로부터의 도피'라는 조어는 마찬가지로 앞선 이들이 벌였던 민주화와 인권을 위한 싸움의 역사적 성과로 어렵게 획득한 '교육 받을 권리'를 마치 무가치한 것처럼 방기하고 있는 요즘 아이들의 모습을 설명하는 말이라고 할 수 있습니다. 아이들은 이 도피를 통해 '교육받을 의무'에서 도피하는 쾌감과 성취감을 맛보게 된 듯 보입니다. 이런 착각은 어떻게 생겨나게 되었을까요?

사토 교수의 문제 제기를 이어받아서 1장과 2장에서는 내 나름으로 아이들이 왜 공부에서 달아나려고 하는지 그 심리 배경과 이데올로기 구조에 대한 고찰을 덧붙였습니다. 사토 교수 외에도 카리야 타케히코, 스와 테츠지, 야마다 마사히로 씨가 쓴 책에서 소중한 시사점을 얻었음을 밝힙니다. 결국 인용이 대부분이고 나의 독창적 견해라고 할 만한 것은 별로 없지만 '왜 아이들은 공부하기를 그만뒀는가' 하는 물음에 대해 우리 모두가 솔직하게 의견을 나눌 수 있는 어떤 토론의 발판을 만드는 것이 이 책의 첫 번째 목적인 만큼, 앞선 현자들의 식견을 소개하는 것만으로도 할 일을 거진 다했다는 생각이 듭니다.

3장에서는 '노동으로부터의 도피'를 주제로 다루고 있습니다. 바로 니트(NEET, Not in Education, Employment or Training) 이론입니다. '공부로부터의 도피'와 '노동으로부터의 도피'는 같은 사회적 흐름의 두 가지 현상이라고 생각합니다.

헌법에서는 국민은 '근로의 권리를 가지고 의무를 진다'고 규정하고 있지만, 아마 대부분의 사람들은 왜 헌법에 노동을 '권리 및 의무'로 규정하고 있는지에 대해 새삼스럽게 생각해본 적이 없을 것입니다. 대체로 사람들은 '일을 할지 말지 그것은 내가 결정할 문제지 법이 이래라 저래라 규정할 문제는 아니다'고 생각합니다. 하지만 그것을 헌법에 규정하고 있다는 것은 노동이라는 것이 단지 개인적인 일만은 아니기 때문입니다. 노동은 공동체의 존립에 초석이 되는 공공적인 행위이지 개인의 결정으로 하다말다 할 수 있는 것이 아닌 것입니다. 국민이 노동의 의무를 진다는 게 어떤 의미인지, 3장은 이에 대한 설명입니다.

오늘날 '노동으로부터 도피'는 '공부로부터 도피'가 그렇듯이 개인적 자유의 표현으로 선택되고 있습니다. '일하지 않는 것'을 경제적 합리성에 따른 삶이라고 판단하거나 개성의 발현이라고 믿는 이들이 '노동할 권리'를 방기하고 있지요. 이러한 사고방식은 어떤 역사적 맥락에서 생겨나고 어떤 이데올로기에 의해 강화되는지가 여기서의 주요 논점이 될 것입니다.

이 책을 쓰게 된 계기는 2005년 6월 25일 비즈니스 카페 재팬이 주최한 최고경영자 모임에서 있었던 강연입니다. 비즈니스 카페 재팬은 나의 오랜 친구 히라카와 카츠미가 설립한 회사로, 컨설턴트를 주 업무로 하고 있습니다(저는 그 창립 멤버로 주주이기도 하지만, 운영에 관해서는 전혀 모릅니다). 히라카와 씨의 폭넓은 인적 네트워크를 활용해 정기적으로 각계 전문가를 초대하여 진지하게 토론하는 자리에서 강연을 맡아달라는 부탁을 받고서 흔쾌히 승낙하여 한 호텔 컨벤션룸에서 다섯 시간에 걸친 강연과 질의응답이 이루어졌습니다. 원래 강연은 중언부언이 많고 논증이 부족한 부분도 있는데, 녹취를 푼 초고를 보면서 중복되는 부분은 없애고 부족한 내용은 보충했습니다.

강연을 기획한 히라카와 씨와 긴 이야기를 들어주신 카페 회원 여러분께 감사 인사를 드립니다.

# 1. 공부로부터 도피하기

학교에서도 아이들은 '교육 서비스를 사는 사람'이라는 위치를
무의식중에 선점하고자 한다. 아이들은 마치
경매에 참가한 부호들처럼 바지주머니에 손을 넣고서는
교단 위의 교사를 거만하게 바라본다.
"자, 당신은 뭘 팔 건데? 마음에 들면 사주지."
이 말을 교실 용어로 바꾸면,
"글자를 배우는 게 무슨 의미가 있나요?"가 된다.

# 새로운 유형의
# 사회집단이 출현하다

── 오늘의 주제는 '공부로부터의 도
피, 노동으로부터의 도피'이다. '공부로부터 도피하기'는 사토 마나부
교수가 처음 사용한 말로, 아이들이 교육 받을 기회를 스스로 저버리
는 현상을 가리킨다. 교육 받을 기회로부터 스스로 달아난다는 말은
머지않아 '하류사회'로 계층이 내려가는 것을 뜻한다. 그런데 그런 계
층 하강을 지향하는 사회집단이 등장했다는 것이다. 사토 교수는 이
들의 등장을 교육 위기의 중요한 지표로 분석했는데, 그 키워드가 '공
부로부터의 도피'이다.

나는 이 '공부로부터 도피하기'는 독립된 현상이 아니라 '노동으로
부터 도피하기'와 동시에 일어나는 것이라고 생각한다. 이 두 현상은
동일한 사회적 지각변동 안에서 일어나고 있다.

배운다는 것과 일한다는 것, 지금까지 일본 사회에서 이 두 가지 일
의 유용성을 의심하는 사람은 없었다. 물론 열심히 공부하지 않거나
일하기를 싫어하는 사람은 어느 시대에나 있었지만, 그런 행동이 사회
적으로 낮은 평가를 받는다는 걸 본인도 충분히 알고 있고, 그로 인한
부정적인 결과도 각오하고 있었다. 공부하지 않거나 일하지 않는 것을
자랑스럽게 생각하거나, 그것을 자신에 대한 높은 평가와 연결짓는 것
은 근대 일본 사회에서는 있을 수 없는 일이었다. 그런데 지금 그 상식
이 무너지고 있다. 교육 관계자들의 말을 믿는다면 지금 그런 일이 일
어나고 있다.

학습과 노동에 대해 지금까지와 다르게 생각하는 새로운 유형의 일본인, 새로운 세대가 출현하고 있다는 얘기다. 이런 일은 대체 어떤 역사적 맥락에서 비롯된 현상일까? 바로 이것이 첫 번째로 다룰 논제다. 젊은이들이 지금처럼 슬금슬금 공부와 일에서 달아나려 한다면 사회의 미래는 매우 어두울 수밖에 없다. 그렇다면 이 위기에 어떻게 대처해야 할까, 그것이 두 번째 논제다.

이 문제에 관해 내게 강한 인상을 준 책이 몇 권 있다. 이미 앞서 언급했던 사토 마나부佐藤学의 『공부로부터 도피하는 아이들』 그리고 스와 테츠지諏訪哲二의 『왕자와 공주가 되어가는 아이들』 그리고 매우 충격적인 통계 사실을 보여준 카리야 타케히코苅谷剛彦의 『계층화 일본과 교육 위기_불평등 재생산에서 의욕격차사회로』, 야마다 마사히로山田昌弘의 『희망격차사회_패자의 절망감이 일본을 양극화시킨다』가 있다. 지금의 위기 현상을 분석한 선현들의 지적과 성찰을 바탕으로 내 나름대로의 생각을 풀어보고자 한다.

## 공부를 혐오하는 아이들

——                    아이들이 공부를 하지 않게 되었다는 사실은 그간 언론에서도 되풀이해 보도했던 터라 아마 잘 알고 있을 것이다. 지금 내가 가지고 있는 자료는 조금 오래된 것으로, 이와나미에서 출간한 책에 있는 자료이다. 1999년 무렵까지의 교육성취도 관련 통계인데 그 후에도 신문에서 계속 보도했던 것을 염두에 둔다면

IEA(국제 교육성취도 평가학회)가 발표하는 수치는 아마도 계속 내려가고 있을 것으로 생각한다.

이 통계를 통해서 알게 된 사실은 일본의 아이들이 지금 세계에서 가장 공부를 하지 않는 아이들이 되었다는 것이다. 이것이 오늘 이야기의 출발점이 되는 사실이다. 사토 교수의 현상 인식을 우리도 먼저 공유해보자.

초등학교 고학년부터 중·고등학교에 걸친 일본 아이들 대다수가 학교 공부를 싫어하고 공부로부터 달아나고 있습니다. 과거 일본의 아이들은 세계 어느 나라보다도 공부에 의욕적으로 열중했지만, 지금은 세계에서 가장 공부를 싫어하고 공부를 하지 않는 아이들로 전락하고 말았습니다. _ 사토 마나부, 『학력을 다시 묻는다』

1995년 중학교 2학년의 학교 외 공부시간을 살펴보면, 세계 평균은 3시간이었고, 일본은 2.3시간이었다. 37개국 중에서 30위였다. 1999년이 되자 다시 급격히 떨어져 하루 1.7시간으로 37개국 중 35위가 되었다. 그로부터 6년이 지난 지금은 추측컨대 하루 1시간에도 못 미치는 수준으로 조사대상국 중 최하위로 전락했을 것이다. 최근에 본 다른 자료에는 지금 고등학생의 60퍼센트가 학교 외 공부시간이 0시간이라고 나온다. 지금 일본 청소년들은 전 세계적으로 가장 공부하지 않는 집단임에 틀림없다. 그 결과 '교실붕괴', '학력저하'가 일어나고, 대학 입장에서는 '고등교육의 공동화'라는 문제가 터져 나오고 있다.

자녀가 있는 사람이라면 수업 참관을 해본 경험이 있을 것이다. 나도 아이가 중학생일 때 몇 번 참관을 갔었다. 효고현 아시야시에 있는 시립중학교로, 중산층이 많이 사는 아주 평범한 지역의 중학교였다. 나는 수업 장면을 보고 깜짝 놀라고 말았다. 한 반 아이들이 같이 수업 중이라고는 도저히 생각할 수 없는 풍경이었다. 물론 요즘 학교가 그렇다는 이야기는 신문에서 읽기도 하고, 사람들의 말을 들어서 어느 정도 알고 있긴 했지만, 직접 보니 충격이 더했다. 교단 가까이 있는 열 명 남짓한 학생들만 선생님 이야기를 듣고 있었고, 그 뒤편의 나머지 스물다섯 명 정도는 대부분 잠을 자거나 자리에서 일어나 이리저리 돌아다니거나 다른 아이들과 떠들기도 하고 만화책을 보고 있었다. 수업 참관하는 날이라 당연히 교실 뒤편에는 부모들이 와 있었다. 뒤편에 줄지어 서 있는 부모 앞에서 선생님이 수업을 하고 있는 중인데, 아이들은 이리저리 돌아다니고 있었다.

나는 아이들이 그러고 있는 까닭을 알 수가 없었다. 나중에 아이한테 "평소에도 그러냐?" 하고 물어보았더니 아이는 놀랍게도 "아니요, 수업참관 있는 날이라 다른 날보다 그나마 얌전한 편이었어요" 하고 대답했다. 그렇다면 평소에는 도대체 어느 정도라는 말인가?

최근에는 초등학교 저학년 때부터 공부하는 습관 자체가 몸에 배지 않은 아이들이 생겨나고 있다. 그런데 자녀를 적게 낳는 흐름 속에서 학생 수가 줄어들다 보니, 대부분의 대학들이 문을 활짝 열어놓고 있어 그렇게 공부를 하지 않아도 대학 진학률은 무려 50퍼센트에 이른다. 2007년부터는 대학 정원보다 대상 학생 수가 적어 원하기만 하면 누구든 대학에 들어갈 수 있어서, 대학을 고르지만 않는다면 초등학교 저학년 때부터 일찌감치 공부를 포기한 아이들도 대학생이 될 수 있다. 분수 나눗셈이 안 되는 학생이 이과계에 들어왔다고 문제가 된 게 수 년 전이었는데, 지금은 한자를 잘 못 읽는다든가 알파벳을 모르거나 사칙연산이 서툰 대학생도 있다.

## 학력저하를 깨닫지 못하다

—————

내가 몸담고 있는 대학은 미국 선교사가 세운 학교여서 영어 교육으로 유명하다. 그런데 그 명성이 이제는 거의 무색한 상황이 되었다. 몇 해 전 입학생을 대상으로 IP-TOEIC이라는 영어 시험을 치렀을 때 영어과 교수에게 학생들의 평균이 몇 점 정도인지 물은 적이 있다. 점수만으로는 수준이 어느 정도인지 알 수 없어 다시 물었더니, "우치다 선생님 시대였다면 중학교 3학년 정도의 실력이겠지요"라고 말해주었다. 그때도 놀랐지만 그 다음해(2004년)에는 중학교 2학년 정도까지 내려갔다는 말을 들었다. 그래도 나름 성적이 되어서 들어온 대학 1학년생의 영어 실력이 고작 중학교 2학년 수준이라는 것이다. 중·고교 통틀어 6년 동안 영어를 배워 중학교 2학년 정도의 실력밖에 안 된다니, 아이들이 나태해졌다거나 주의력이 부족해졌다거나 하는 것과는 차원이 다른 무언가가 있는 듯 여겨졌다. 이상하게 들릴지 모르겠지만, '상당한 노력을 기울이지 않으면 그렇게까지 학력을 낮게 유지하기도 힘들겠다'는 생각이 들었기 때문이다.

비단 우리 학교만의 일이 아니라 대학생 전체가 이런 경향을 보인다. 얼마 전 전국의 대학생 4,600명을 대상으로 한 영어 실력 테스트가 있었다. 그 결과 중학교 3학년 정도(일본 영어검정 3급)의 학력이 45퍼센트, 중학교 2학년 정도(일본 영어검정 4급)가 13퍼센트였다는 충격적인 통계가 나왔다. 지금 대학생의 60퍼센트는 중학생 정도의 영어 실력밖에 안 된다는 말이다.

문부과학성은 앞서 '영어를 구사할 수 있는 일본인'을 육성한다는 명분을 내걸고, 2007년까지 고교졸업자의 평균을 영어검정시험 준2급 수준까지 올리는 것을 목표로 영어교육 개혁을 시도했지만 목표에는 전혀 이르지 못했다. 영어 실력이 향상되기는커녕 오히려 더 떨어졌다. 영어 수업이 읽기 쓰기 중심에서 말하기 중심으로 바뀌고, '여유로운 교육환경을 만들자'는 교육정책 탓에 영어 수업 시수가 줄어 그렇다고 해도, 아무래도 다른 이유가 있는 것 같다.

학력저하에는 몇 가지 고려해야 할 사항이 있다. 하나는 '학력에 대한 청소년들의 자기평가가 매우 부정확하다'는 점이다. 주위 친구들도 거의 다 학력이 떨어지고 있어서 자기 학력이 떨어지는지 어떤지를 실감하지 못하는 셈이다.

알다시피 학력 편차치라는 것은 같은 또래 학년 집단에서 자신의 위치가 어디쯤인지를 알려주는 수치다. 같은 집단에서 어디쯤 있는지를 알려주는 상대평가는 대학입학 같은 경쟁시험에서는 가장 중요한 지표가 된다. 절대적인 학력이 어느 정도인지는 대학입시에서 중요하지 않다. 경쟁 상대가 나보다 학력이 낮기만 하면 입시 선발에서 이길 수 있기 때문이다. 또래 집단의 학력이 전체적으로 내려가는 한 자신의 학력이 떨어지는 것은 조금도 마이너스가 되지 않는다. 오히려 집단의 학력이 내려가면 내려갈수록 경쟁부담은 가벼워진다. 모든 학생이 하루 다섯 시간 공부를 한다면 여섯 시간은 공부해야 이길 수 있고, 다들 하루 한 시간만 공부한다면 두 시간만 해도 승자가 될 수 있다. 의식적으로 하는 행동은 아니겠지만 경쟁을 염두에 두다보면, 속으로는 또래 집단의 학력이 낮아지기를 아이들도 부모들도 바라게 된다.

지금 수험생 자녀를 둔 부모가 '고교생 60퍼센트, 집에서 공부하는 시간 0시간'이라는 신문기사를 읽는다면, 겉으로는 '참, 큰일이네' 하며 걱정하는 표정을 짓지만 열이면 열, 마음속 깊은 데서는 '휴~' 하며 안도의 한숨을 내쉴 것이다. 자기 자식의 경쟁 상대가 계속 떨어져 나가기 때문에 기뻐하지 않을 까닭이 없다. 하지만 자신이 그런 부당한 생각을 품고 있다는 것을 본인은 자각하지 못하고 있을 수도 있다. 학령기 자녀를 둔 어른들은 무의적으로 자기 자식을 제외한 다른 아이들의 학력이 내려가면 자기 아이에겐 이익이 된다는 기대감을 가지고 있다. 그런 무의식적인 욕망이 아이들의 학력저하를 심리적으로 지지하고 있다는 사실을 아무도 눈치 채지 못하고 있을 뿐이다.

예전에 재수학원에서 국어강사로 일하는 친구가 들려준 이야기가 있다. 재수학원의 경우 매년 같은 시기에 같은 난이도의 시험을 보기 때문에 그 점수를 보면 학력이 어떻게 변하는지를 거의 정확히 알 수 있다고 했다. 친구의 말에 따르면 당시 국어과목 평균점수가 1년마다 1점씩 내려갔다고 한다. "1년에 1점씩이라면 그리 대단한 게 아니네"

하고 말했지만, 곰곰이 따져보니 10년이면 10점, 20년이면 20점이 된다. 지금 재수학원에서 편차치 60인 학생이라면 20년 전의 성적은 편차치 50정도에 불과하다는 말이다. 하지만 사람들은 이 현상을 거의 문제 삼지 않는다. 모두의 학력이 떨어져 다 같이 편차치가 낮아지면 자기가 지망하는 학교의 합격 여부에는 별 영향을 미치지 않기 때문이다. 이런 식으로 일본 아이들의 학력은 해마다 계속해서 떨어졌다.

## 맞춤법을 모르는 대학생들

—                          교육현장에 있다보면 대학 신입생들의 학력저하를 절실히 느낀다.

얼마 전, 한 수업에서 열 장 정도의 리포트를 써내라고 한 적이 있는데, 내용은 둘째치고 우선 글씨가 가관이었다. 마치 초등학생이 쓴 것 같은 글씨체에, 과거라면 초등학교 고학년 정도가 작성했을 만한 내용이 전체의 절반을 차지했다. 무언가를 판단하는 유일한 기준이 주관적인 '좋다−싫다, 안다−모른다'가 대부분이었다. 보통은 학생이 "선생님이 말씀하시는 것을 모르겠습니다"라고 말하는 건 스스로에 대한 평가가 절하되는 부끄러운 상황이지만 그렇지도 않았다. 아마도 학생들은 비판을 곁들이는 의미로 그렇게 쓰는 모양이다. "말씀하시는 것을 모르겠습니다" 이 말로 교사가 제시하는 논제를 쉽게, 대부분 의기양양하게 넘어가버린다.

어느 정도 논리적이거나 지식이 담겨 있는 리포트, 또는 교사가 설명한 것에 대해 "내 생각은 다릅니다" 하고 반론을 제기하는 제대로 된 리포트를 쓴 사람은 백 명 중 두세 명뿐이었다. 대부분은 초등학생이 소풍 다녀와서 쓰는 감상문처럼 "소풍 가서 도시락을 먹고 즐겁게 놀았습니다"는 식의 "선생님 수업을 듣고 많은 것을 알게 되었습니다"거나, 리포트라고 부르기에도 민망한 것들뿐이었다. 그런데 하도 그런 것을 많이 봐서 익숙해진 탓인지 이제 웬만해서는 놀라지도 않는다. 이런 상황은 내가 일하는 대학만의 문제가 아니고 이른바 일류대학도 사정은 별반 다르지 않다.

대학생의 학력저하를 쉽게 알기 위한 지표로 낱말을 틀리게 쓰는 '오자誤字'가 있다. 지금으로부터 7~8년 전의 일이다. 내가 과제물로 내준 보고서에서 '정심精心*'이라는 오자를 발견하고 충격을 받았다. 이 글자를 보면 본인도 어딘가 이상하다고 여길 법도 한데 그렇지 않다는 게 이상할 지경이었다.

최근에는 '무순無純'이라는 글자를 보았는데, '정심'보다도 충격이 더 컸다. 이렇게 말하는 까닭은, '무순無純'이라고 쓴 학생은 이 말을 '올바른 의미'로 쓰고 있었기 때문이다. 그러니까 '무순無純'이라고 썼지만 그는 이 말을 '모순矛盾'의 의미로 쓰고 있었다. 한자는 다르지만 둘 다 '무준むじゅん'으로 발음이 같기 때문에, 무순無純이라 쓰고 무준むじゅん이라고 발음하는 한 그 여학생의 오류는 드러나지 않는다. 뿐만 아

---

*정신精神을 정심精心으로 잘못 썼다는 뜻이다. 일본어로 음독하면 둘 다 세이신せいしん으로 발음된다. 한자를 일상적으로 쓰는 일본에서 '精神'은 초등학생도 쓸 줄 알아야 하는 기초 한자다._역주

니라 '무순無純'이라는 글자 자체는, 복수의 대립하는 사실이 혼재되어
있어서 '순純하지 않다'는 상황을 뜻한다. 다시 말해, 이 학생은 세상에
없는 조어를 스스로 만들어 냈다고 할 수 있다. '무쥰むじゅん'이라는
소리에서 유추해 '무無와 순純'을 조합해 조어를 만들어낼 정도니 높은
지력을 가진 학생이라고 짐작된다. 문제는 그 정도의 지력을 가지고 있
지만 모순矛盾이라는 낱말의 한자어는 쓸 줄 모른다는 사실이다.

　물론 모순矛盾을 '矛楯'으로 쓰는 일은 흔히 있는 일이다. 하지만 이
경우는 모순이라는 낱말을 알고 있고 또 보면 충분히 알 수 있는데 단
지 한자로 정확하게 쓰지 못했던 경우다. 그런 단어들은 얼마든지 있
다. 읽을 수도 있고 뜻도 알지만 쓰라고 하면 정확하게 쓰지 못하는 경
우 말이다. '빈축嚬蹙'이나 '이매망량魑魅魍魎' 같은 단어를 쓰라고 하면
나도 못 쓴다. 하지만 어렴풋하게라도 알고 있다면 일상의 용무를 보
는 데는 별 불편함이 없다. 그런데 '無純'은 이런 종류의 부정확함과는
차원이 다르다.

　여기서 나는 골똘히 생각에 빠졌다. "어떻게 이 학생은 스무 해나 살
아오면서 모순이라는 글자를 한자로 읽지 않고도 지낼 수 있었을까?"
신문이나 소설책에도 모순이라는 한자는 자주 나오기 때문에 그 학생
도 아마 지금까지 몇 백 번 또는 몇 천 번 이 글자를 접해보았을 것이
다. 그런데도 모순이라는 한자를 읽지 않고 지내왔다면 그 이유는 무
엇일까?

　그것을 '책을 읽지 않았기 때문'이라고 단순하게 결론을 지어버리면
이 맥락을 이해할 수 없다고 생각한다. 왜냐하면 학생들은 글을 많이

읽고 있기 때문이다. 만화책이든 여학생들이 즐겨 읽는 패션 잡지든 정보지든 대량의 문자정보를 포함하고 있다. 당연히 '모순' 정도의 한자는 만화책이나 패션 잡지에도 자주 나온다. 그럼에도 모순을 한자로 쓸 수 없다. 왜일까?

## 모르는 게 있어도 개의치 않는 아이들
——

아마도 그 글자를 건너뛰고 읽었기 때문이라고 생각한다. 요즘 젊은 친구들의 '건너뛰기 능력'은 우리 세대의 상상을 초월할 정도로 발달했다. 책을 펴서 얼핏 봤을 때 읽을 줄 모르거나 뜻을 모르는 단어가 있으면 그냥 가볍게 건너뛴다. 그렇게 모르고 그냥 넘어가도 전혀 개의치 않는다.

'건너뛰기' 자체는 나쁜 게 아니다. 이해할 수 없는 정보를 건너뛸 수 있는 능력은 인간 지성이 지닌 특성이다. 기계는 건너뛰기 같은 건 할 수 없다. 인간은 의미 없는 정보를 무시할 수 있는데, 인간의 지성과 기계적 지성의 차이의 핵심이 바로 거기에 있다. 그렇기 때문에 건너뛰기 자체를 문제 삼을 필요는 없다.

그렇지만 어쩌다 모르는 단어를 만나면 무시하려 해도 왠지 신경이 쓰이고 마음에 걸린다. 목 안에 가시가 걸린 듯하다. 모르는 것을 이해하지 않고 그냥 놔두면 왠지 계속 신경이 쓰이고 여간 찜찜한 게 아니다. '모르는 것'을 '모른 채' 그냥 놔두는 것은 인간만이 할 수 있는 행위다. 이렇게 말하는 것은, '판단을 잠깐 미룬다'는 것이 '이해하고 싶다'는 욕망을 간접적으로 지속시켜, 경우에 따라서는 '이해하고 싶다'는 욕망을 더 강렬하게 만들어주기 때문이다.

자크 라캉은 그 지성의 움직임을 깜깜한 밤바다를 항해하는 배의 항해사에 비유했다. 밤바다 위로 무언가 일렁이는 물체를 보았다고 하자. 뭔가 신경이 쓰이는 규칙적인 움직임이 보인다. 만약 그 무언가를 보고 있는 존재가 기계나 동물이라면 그 '무엇인가'를 이미 알고 있는 것으로 규정할 것이다. 기계나 동물에게는 '뭔지 모르는 것'이라는 카테고리가 없기 때문이다. 그러므로 일단 '고래다'라든지 '난파선이다', 또는 '달빛의 반사다' 하는 식으로 무엇인가로 결정해버린다. 아니 그보다는 기계나 동물은 결정하지 않는 것 자체가 불가능하다. 그러나 인간은 무엇인가를 봤지만 그것이 무엇인지를 결정하지 않는 것이 가능하다. 어두컴컴한 밤을 항해하는 항해사는 '몇 시 몇 분, 경도 몇 도 위도 몇 도, 미확인 물체 확인'이라고 항해일지에 기록할 수 있다. '무엇인지 알 수 없는 것이 있다'라는 사실을 받아들일 수 있는 것은 인간의 지성뿐이다.

알 수 없는 정보를 '알 수 없는 정보'로 둔 채 시간을 들여 묵히는 '미뤄놓기' 능력은 인간 지성의 두드러진 특징이다. 그런데 모순矛盾을 '無純'이라고 쓰는 현상을 보고 있노라면, '모르는 것'을 '모르는 것'으로 잠시 보류해 둠으로써 지성이 활성화되는 인간적인 기능이 떨어지고 있는 것은 아닐까 하는 인상을 받는다. '모르는 것'이 있어도 전혀 신경이 쓰이지 않는 듯하다.

신문이나 잡지를 읽다보면 종종 모르는 단어를 보게 된다. 그리고 모르는 단어라도 '몰라도 되는 말'과 '모르면 안 될 것 같은' 말을 구별할 수 있다. 좀 의아하겠지만, '이것은 모르는 말이지만 왠지 모르면 난처해질 것 같은 경우'와 '이것은 모르는 말이지만 몰라도 괜찮은 경우'가 구별된다는 것이다. '모르면 난처해질 것 같은 말'은 알 만한 사람에게 물어보거나 집에 돌아와 사전을 찾아봐서 구멍 난 부분을 메운다.

그런데 요즘 젊은이들은 어찌된 일인지 구멍을 메우는 작업을 안 하는 모양이다. 자기가 모르는 말, 너무도 분명히 자신에게 향하는 말인데도, 그런 말이 언론에 빈번하게 나와도 전혀 궁금해하지 않는다. 나에게는 '모른다'는 것보다 이처럼 '모르는 것이 있어도 개의치 않는' 것이 위기의 징후로 여겨진다.

## 구멍투성이인 세계가
## 아무렇지 않은 세대
———

젊은이들이 모르는 말이나 개념은 그들 주변에 널려 있다. 모순을 못 읽을 정도니 신문의 외교난이나 경제난 정도면 아마도 3분의 1 정도가 의미불명의 말들로 채워져 있을 것이다. 그들이 대중매체를 통해 보는 세상은 벌레 먹은 것처럼 구멍이 숭숭 뚫려 있는 상태일 거라고 나는 상상한다.

내가 만일 이런 상태라면, 내가 보는 풍경 여기저기에 벌레 먹은 듯 구멍이 쑹쑹 뚫려 있다면 매우 불쾌했을 것이다. 나라면 참을 수 없다. 하지만 지금의 젊은이들은 어찌된 영문인지 세상이 벌레 먹은 상태로 보여도 그다지 불쾌하지 않은 모양이다.

여대생들이 가장 열심히 읽는 활자매체는 패션 잡지다. 몇 년 전에 내가 지도하는 학생이 현대인의 언어능력 저하를 통계적으로 조사하고자 학생들이 많이 보는 《JJ》라는 패션 잡지에서 임의로 한 페이지를 복사해 학생들에게 나누어주면서 모르는 단어가 있으면 동그라미로 표시하게 한 적이 있다. 결과를 보여주는데 깜짝 놀랐다. 온통 동그라미 투성이었다.

패션 용어에는 영어, 프랑스어, 이탈리아어가 뒤섞여 있을 뿐만 아니라 매달 신조어가 등장한다. 아무리 대학생이라 해도 그 모든 것을 따라잡기는 어렵겠다는 생각은 하고 있었지만, 자기들이 즐겨 보는 잡지니까 독자로서 그 정도로 뜻도 모른 채 보고 있을 줄은 미처 몰랐다. 잡지를 즐겨 보는 사람은 한 달에 몇 권씩 읽는다. 나는 그때까지 방대한 패션 정보를 용케도 잘 이해하는구나 하고 감탄했었는데, 실상은 뜻도 모른 채 건너뛰며 보고 있었던 것이다.

자기들하고 가장 친근한 활자매체가 전하는 문장조차 아무렇지도 않게 건너뛰고 읽는 그것도 능력이라면 능력이다. 말하자면 이 젊은 친구들은 의미를 몰라도 스트레스를 받지 않는 것이다. 분명히 자신들을 독자로 상정하고 자신들을 향해 발신하는 언어기호인데 그 의미를 몰라도 그리 불쾌하지 않다. 그런 독특한 감수성 구조가 아무래도 20여 년이 지나는 동안 젊은 세대들 사이에 뿌리를 내린 것 같다. 어떻게 해서 이런 현상이 나타나게 된 걸까? 나는 이 점이 궁금하다.

의미를 모르는 텍스트들에 둘러싸여 사는 것은 보통은 스트레스를 받을 만한 상황이다. 신경이 쓰여서 견딜 수가 없다. 그런 스트레스를 늘 떠안고 있으면 인간으로서 격이 떨어진다. 그래서 두 가지 중 하나를 선택하게 된다. 하나는 의미를 알 때까지 조사하여 '의미 없는 것'을 '의미 있는 것' 카테고리로 돌려놓는 것이고, 또 하나는 '의미 없는 것'이 있어도 신경 쓰지 않는 심리기제를 작동하는 것이다. 약한 동물이 충격을 받으면 가사상태에 빠지듯이 심신의 감도를 떨어뜨림으로써 외부에서 오는 스트레스에 대처하는 것도 하나의 생존전략이다. 요즘 젊은이들도 이런 '둔감해지는 전략'을 무의식적으로 구사하고 있는 것 같다. 이런 메커니즘으로 학력저하라는 현상을 부분적으로나마 설명할 수 있지 않을까 싶다.

학력저하의 위기적 요소 중 하나는 앞서 설명했듯이, 아이들이 스스로 학력이 없다거나 영어단어를 모른다거나 논리적으로 사고하지 못한다는 것을 조금은 자각하고 있어도 '그 사실을 특별히 불쾌하게 생각하지 않는다'는 데 있다. 어떻게 그것이 가능한지 나로서는 정말 이해가 되지 않지만, 이 사실을 설명할 수 있는 논리는 곰곰이 생각해 보면 한 가지밖에 없다. 그들은 '자기가 모르는 것'은 '존재하지 않는 것'으로 여기는 것이다.

우리들은 뜻을 모르는 문자가 시야에 나타나면 일단 긴장한다. 왜냐하면 의미로 채워져 있어야 할 부분이 공백으로 있다는 데 미묘한 불편함을 느끼기 때문이다. 우리가 어떤 것을 보고 마음에 걸려 한다면 그것은 거기에 있어야 할 것이 없거나 또는 거기에 없어야 할 것이 있기 때문이다. 그럴 때 우리는 긴장한다. 게슈탈트 심리학 용어로 말하자면 '의미를 모르는 것'은 완전히 사라지지 않고 반드시 어떤 그림으로든 떠오른다. 라캉이 비유한 항해사처럼 '뭔지 모르는 것'이 '있다'. 뭔지는 모르겠지만 '있다'. 그런데 '모르는 말'을 건너뛰는 학생들에게 '뭔지 모르는 것'은 '없는' 셈이다.

어두운 밤 갑판 위에서 바다를 바라보는 항해사의 시야에 들어오는 모든 것은 '무엇인지 알고 있는 것'이어야 한다. 그렇기 때문에 '무엇인지 모르는 것'이 바다 위에 떠 있으면 긴장한다. 하지만 만약 시야에 들어오는 것이 '무엇인지 모르는 것투성이'라면 어떻게 될까? 그런 상황에서는 '무엇인지 모르는 것'이 또 하나 새로 등장한다 해도 아무렇지 않을 것이다.

요즘 젊은이들에게 세상 그 자체는 의미를 알 수 없는 구멍투성이다. 마치 치즈 덩어리처럼 여기저기 의미의 공백이 숭숭 뚫려 있다. 세상 그 차체가 구멍투성이기 때문에 거기에 하나 더 '의미를 모르는 것'이 출현한들 치즈 구멍이 하나 더 생긴 것에 불과하다. 그래서 가볍게 넘길 수 있다. 아마도 어떤 단계에서 '의미를 모르는 것'이 그들 세계에서는 의미를 잃어버리고 만 듯하다.

## 왕자와 공주가 되어가는 아이들

—— 요즘 아이들은 자기 앞에 펼쳐져 있는 세상에 '의미를 잘 모르는 무언가'가 널려 있어도 특별히 불안이나 불쾌함을 느끼지 않고 태연할 수 있다. 무지한 채 살아도 불안을 느끼지 않을 수 있다는 이 사실이 '공부로부터 도피하기'라는 논제를 고찰하

는 단서가 되리라 생각한다.

이 문제에 대해 생각하고 있을 때 한 권의 책이 내 눈을 번쩍 뜨게 해주었다. 스와 테츠지의 『왕자와 공주가 되어가는 아이들*』이라는 책이다. 상당히 충격적인 내용이지만 언론 서평으로 다루어지거나 관심을 끌지는 못했다. 스와 선생은 '프로 교사회' 대표로 오랫동안 공립 고등학교에서 교편을 잡았던 현장 출신이다. 선생은 책에서 1980~90년대에 걸쳐 일본의 학교가 완전히 바뀌었고, 아이들에게 커다란 변화가 생겼다고 말했다. 특히 현장에서 보고 들은 사례를 많이 거론하는데, '뭐 그런 일이 있을 수도 있겠지' 하면서도, '왜 이렇게 됐는지'를 설명하기는 힘든 그런 사례들이 많았다. 나는 기존의 논리로 설명할 수 있는 사례보다는 새로운 논리가 아니면 설명이 안 되는 사례가 인간의 지적 활동에 도움이 된다고 평소 생각해왔는데, 스와 선생이 제시한 사례들은 거의 그랬다.

예를 들면 교사가 교실에 들어서자 학생들이 잡담을 하고 있다. 그들은 수업을 시작해도 몸을 옆으로 돌린 채 계속 떠든다. 교사가 "떠들지 마!"라고 주의를 준다. 그러자 학생이 교사 쪽으로 고개를 돌리며 "아이, 짜증 나. 듣고 있어요"라고 한다. 진짜로 화를 내며 "듣고 있는데 왜 잔소리를 하는 거예요?"라며 대들기도 한다. 교사는 '아니, 네가 지금 떠들고 있잖아 …'라고 속으로 생각하지만, 학생은 당당하게

---

*원제는 'オレさま化する子どもたち 오레사마화하는 아이들'이다. '오레사마'는 일본어에서 화자 자신을 높여 부르는 대명사이다. 자기 기준의 절대화, 지나친 자기중심적 가치관이나 행동 패턴을 보이는 아이들을 비유적으로 표현한 말이다._역주

"수업 듣고 있다구요"라고 우긴다.

　위의 사례와 비슷하게 1980년대 이후 전국의 중·고등학교에서 보이기 시작한 사례로, 학생이 화장실에서 담배 피우는 것을 교사가 보고 "너 담배 피웠지?" 묻자, 담배를 발로 비벼 끄면서 "피우지 않았어요!"(아주 불량스럽게) 하고 말한다. 지금 눈앞에서 담배를 피웠으면서 피우지 않았다고 항변한다. 또 시험 때 커닝을 하고 있는 학생에게 바로 그 자리에서 "이거 커닝 페이퍼잖아" 하고 교사가 지적해도 학생은 "그딴 거 안 봤어요"(아주 불량한 말투로) 하고 우긴다.

　예전의 불량스러움과는 완전히 다르다. 과거 불량학생들은 나쁜 짓을 하고 있다는 자각이 있어, 나쁜 짓을 하다가 적발당하면 어쨌든 '나쁜 짓을 했다'라는 사실관계에 대해서는 토를 달지 않았다. 그런데 달라졌다. 지금은 학생들이 사실 그 자체를 부인한다. 지금 눈앞에서 벌어지고 교사도 학생 자신도 그 사실을 바로 확인하고 있음에도 불구하고 "그런 일 없다"고 아무렇지 않게 부인한다. 이런 '우기기' 태도가 어느 시기를 기점으로 전국적으로 퍼졌다. 누가 가르쳐준 것도 아니고 이런 일이 유행하고 있다고 언론에서 다루지도 않았다. 극히 짧은 시간에 전국의 중·고등학교에서 학생들이 하나같이 우기기를 하게 되었다.

　이런 경향이 최근에는 좀더 나이가 많은 세대에까지 퍼진 듯 싶다. 1980년대에 고등학생이었던 아이들이 지금은 40대 어른이 되었을 터이니 어찌 보면 당연한 일이다. 그들은 중·고등학교 시절 유효성을 경험적으로 증명한 일종의 교섭술을 지금도 다양한 사회관계에서 활용하고 있다.

뇌물사건을 일으킨 기업 책임자의 기자회견 뉴스를 흔히 본다. 대개가 처음에는 "정식으로 고발된 게 아니어서 코멘트할 수 없습니다" 하고 무뚝뚝하게 답변한다. 그러다 고발을 당하고 나면 "그런 사실은 들어보지 않았습니다"라고 일축한다. 움직일 수 없는 증거를 제시하면 비로소 한발 두발 후퇴하며, 하나씩 죄를 인정하다가 막판에 가서야 "죄송합니다!" 하면서 머리를 숙인다. 이런 과정을 텔레비전에서 지겨울 정도로 봐왔다. 조직의 신뢰성을 속히 회복하기 위해서라도, 사법당국에 불필요한 수고를 끼치지 않기 위해서라도, 처음부터 '죄송합니다' 하고 사죄하면 될 것을 어째서 끝까지 오리발을 내미는지 의아하기 그지없다. 하지만 그들로서는 처음부터 그렇게 잘못을 인정하는 것이 불가능한 것 같다. 아마도 어릴 적부터 확고한 증거를 들이대며 비행을 추궁해도 하지 않았다고 버티는 데서 협상이 시작된다는 것을 간파하고 이를 습관화해왔기 때문에 이미 다른 대응책을 생각할 수 없게 되어버린 것이 아닌가 싶다.

다시 학교 이야기로 돌아가자. 아이들이 왜 이렇게 변했는지 스와 선생은 알고 지내는 교사들과 여러 차례 토론도 벌이고 고민을 나누기도 했다. 그 결과 '아이들은 등가교환을 하려는 것이 아닐까'라는 가설을 세웠다. 이 가설은 스와 선생의 깊은 통찰력을 느끼게 한다. 그 부분을 잠시 인용해보겠다.

아이들은 자신의 행위에서 자기가 인정하는 마이너스 부분과 교사가 내릴 처분을 '등가교환'으로 만들고 싶다고 '생각한다'. (중략) 그래서 자신의 공정함을 확보하기 위해 사실 그 자체를 없애든가 가능한 축소하는 길을 선택한다. 이후 모든 학교에서 학생이 일으키는 '사건'의 전개는 이와 비슷한 과정을 밟아간다(지금도 그렇다). _스와 테츠지, 『왕자와 공주가 되어가는 아이들』

이 '등가교환'이라는 말로 아이들의 이해할 수 없는 행동을 풀어보려 했던 스와 선생의 분석은 대단히 날카롭다. 이 개념을 단서로 '공부에서 도피하기'에 이르는 아이들의 변화를 지금부터 밝혀보고자 한다.

## "이걸 하면
## 뭐가 좋아요?"

——                    초등학교에 들어가면 누구나 처음엔 글자와 수를 배운다. 1학년 교실에서 글자를 막 가르치려는데 누군가 손을 번쩍 든다.

"선생님, 이걸 배우면 뭐가 좋아요?"

나이가 좀 든 사람들 중에는 어릴 적 초등학교 1학년 교실에서, 말 그대로 태어나 처음으로 학교라는 곳에서 수업을 듣는데, "이건 어디에 필요한 거예요?" 같은 매우 급진적인 질문을 한 사람은 아마도 없었을 것이다. 이런 질문이 있다는 것조차 몰랐을 것이다. 하지만 요즘 아이들은 배움의 장에 서게 되면 첫 질문으로 "이걸 배우면 뭐에 도움이 되나요?"라고 묻는다. 아주 냉정하고 어떤 면에서는 비즈니스 냄새가 나는 질문이다.

어떤 의미에서 이 질문은 분명 일리가 있는 질문이다. 아이들 입장에서는 40분이든 50분이든 교실에 가만히 앉아 묵묵히 선생님이 하는 이야기를 듣고 공책에 필기하는 일은 일종의 '고역'이다. 아이들은 자신들이 치르는 이 '고역'을 교사에게 지불하고 있는 것으로 받아들인다. 다른 말로 하면, '고통'이나 '인내'라는 형태의 '화폐'를 교사에게 지불하고 있다는 것이다. 그러므로 아이들은 자기들이 지불한 '고역'이라는 화폐와 '등가교환'되는 재화나 서비스가 무엇인지 묻고 있는 것이다. "나는 이만큼 지불하는데 선생님은 무엇을 줄 건가요?"라고 아이들은 묻고 있다.

이러한 질문에 교사들은 선뜻 대답하지 못한다. 대답하지 못하는 것이 당연하다. 그런 질문이 아이들한테서 나올 수 없다는 것이 교육제도의 전제이기 때문이다.

'의무교육'이라는 말을 지금 아이들은 '교육을 받을 의무가 있다'는 것으로 이해하고 있다. 물론 이 말은 틀렸다. 아이들에게 '교육받을 의무' 같은 것은 없다. 아이들에게는 '교육을 받을 권리'만 있을 뿐이다. '보호하고 있는 자녀에게 보통교육을 받게 할 의무'를 지는 사람은 부모다. 아이들에게 교육을 받을 권리는, 자신의 삶의 가능성을 넓혀가기 위한 가장 중요한 권리다. 이 권리 당사자인 아이들 쪽에서 "어째서 이 권리를 행사하지 않으면 안 되나요?"라는 질문이 나올 줄은 헌법을 기초했던 사람들도 상상하지 못했을 것이다. "설명을 제대로 잘 해주면 권리를 행사하겠지만, 설명이 납득되지 않으면 교육받을 권리 따위는 필요 없다"고 아이들은 말하고 있는 것이다.

그러므로 "어째서 교육을 받지 않으면 안 되나요?"라는 질문에 어른들은, 그런 질문이 나올 거라곤 상상도 할 수 없었다며 말문을 닫는다. 어른들로서는 당연한 반응일 터이다. '모든 국민은 건강하고 문화적인 최저한도의 생활을 영위할 권리를 가진다'라고 명시한 헌법 제25조 '생존권'에 대해, "왜 건강하고 문화적인 생활을 영위하지 않으면 안 되나요?"라고 묻는 아이가 있다면 누구든지 말문이 막힐 것이다. 만약 이러한 기본 인권에 대해 "그건 말이지…" 하면서 아이들도 알아들을 수 있는 설명을 술술 해내는 교사가 있다면 나는 오히려 그 사람에게 경계심을 품을 것 같다.

그런데 최근 들어 경제성과 합리성을 동기로 부여해서 아이들을 학습의 길로 이끌려는 어른들이 있다. 그들은 "공부를 하면 이런저런 좋은 점이 있단다" 하면서 아이들을 실용적으로 유도한다. 공부를 하면 좋은 학교에 들어갈 수 있고, 존경받는 지위에 이를 수 있고, 높은 연봉을 받고, 수준 높은 이성을 배우자로 맞을 수 있다는 식으로 설명한다. 그런 어른이 있는 정도가 아니라 대부분의 교사나 부모가 그렇게 말한다. "왜 공부할 필요가 있나요? 공부는 해서 무엇에 쓰나요?"라는 아이들의 질문을 받고 어처구니없어 말문이 막히는, 제대로 된 교사, 제대로 된 부모가 오히려 소수다.

'공부가 무엇에 도움이 되는지' 묻는 아이들의 질문 자체가 예상 밖이었다면 '과연 교육이란 무엇인가?'라는 근본적인 물음을 향해 가야 하는데, 아쉽게도 실상은 그렇지 않다. 어른들도 예상 밖이긴 하지만 그런 질문도 당연히 할 수 있고, 그 질문에 아이들도 납득할 수 있는 대답을 해줘야 한다고 생각한다. 나는 이것이 처음부터 단춧구멍을 잘못 끼운 것이라 생각한다.

한 텔레비전 방송에 나온 중학생이 "왜 사람을 죽이면 안 되나요?"라는 질문을 해서 그 자리에 있던 평론가들이 모두 할 말을 잃었던 사건이 있었다. 나는 할 말을 잃는 게 당연하고 또 그것이 올바른 대응이었다고 생각한다. 그런 질문은 상상도 못했다고 대답하는 것이 정답인 질문도 세상에는 있게 마련이다. 사람들이 할 말을 잃은 걸 보고도 그 중학생이 납득하지 못하면 그 자리에서 그 중학생의 목을 조르면서 "자, 그럼 이 상황에서 다시 한 번 같은 질문을 해볼래?" 하고 부탁하는 수도 있다.

세상에는 전쟁과 재해로 배울 기회 자체를 박탈당한 아이들이 무수히 많다. 다른 어떤 것보다 교육 받을 기회를 절실히 원하는 수억 명의 또래들이 세계 곳곳에 존재한다는 사실을 모르는 아이들만이 "왜 공부를 해야 하나요? 이 공부는 어디에 필요하죠?" 같은 질문을 입에 올릴 수 있다. 아이들은, 자신들이 그런 질문을 한다는 사실이 역사적으로 예외적인 사태라는 것을 알지 못한다.

"왜 사람을 죽이면 안 되나요?"라고 물은 중학생은 '자신이 죽임을 당할 처지에 놓일 가능성'을 계산에 넣지 않는다. 마찬가지로 "왜 교육을 받아야 하나요?"라고 묻는 초등학생은 '자신이 배움의 기회를 구조적으로 박탈당한 사람이 될 가능성'을 고려하지 않는다. 자기가 누리고 있는 특권을 깨닫지 못하는 사람만이 의외의 질문을 할 수 있다.

그러나 이런 질문에 대해 지금의 어른들은 그런 질문은 "있을 수 없다"고 단호하게 물리치지 못한다. 말문이 막혀서 허둥대거나 아이들이 알아들을 수 있을 만한 실용적인 이유를 들어서라도 아이들을 공부시키려고 한다. 아이들은 자기들이 한 질문이 어른들을 아연실색케 하거나 또는 유아적인 지성으로도 이해할 수 있는 무의미한 답변을 끌어내거나 둘 중 하나라는 것을 일찍부터 배우게 된다. 이것은 실로 불행한 일이다. 왜냐하면 이런 과정이 아이들에게 일종의 성취감을 주기 때문이다. 그렇게 성공한 기억으로 인해 아이들은 일찍부터 사사건건 "이게 어디에 쓸모가 있나요? 이것을 하면 나한테 어떻게 좋아요?"라고 묻는다. 당신의 대답이 마음에 들면 '하고', 마음에 들지 않으면 '안한다'. 이러한 판단 기준을 인생을 막 시작한 즈음부터 몸에 새기게 된다. 이렇게 '등가교환 하는 아이들'이 탄생한다.

## "됐으니까 너는
## 아무것도 하지 마!"

—— 어째서 아이들은 먼저 "이게 어디에 쓸모가 있나요?"라는 실용적인 질문을 하게 되었을까? 이 질문에 대해 스와 선생의 답변을 그대로 옮겨본다.

최근 우리는 하나에서 열까지 돈이 들어가는 생활을 처음으로 경험한다. 아침부터 밤까지 하루 종일 각종 미디어에서 정보가 들어오는 생활도 처음이다. 돈이 돈을 낳는 경제구조 속에 완벽하게 말려들어가 있다. 아이들이 일찍부터 '자립'의 감각을 체득하는 것도 이러한 경제 사이클 속에 깊숙이 들어가 있어 '소비주체'로서의 확신을 갖기 때문일 것이다. 아이들은 현재의 경제 구조가 보내오는 메시지를 여과 없이 곧바로 받고 있다. 학교가 오늘날의 사회를 가르치고자 '생활주체'나 '노동주체'로서의 자립의 의미를 설명하기도 전에 이미 아이들은 어엿한 '소비주체'로서 자기를 확립하고 있다. 이미 경제적인 주체인데 학교에 들어가면 새삼스레 교육의 '객체'가 된다는 것은 아이들 입장에서 내키지 않는 일일 것이다. _ 앞의 책

이 부분은 내가 최근 십 년 동안 읽었던 교육 관련 글 중에서 가장 계몽적이다. '아이들은 이미 취학 전에 소비주체로서 자기를 확립하고 있다.' 정말 그렇다고 생각한다.

요즘 아이들과 삼십 년 전 아이들 사이에 가장 큰 차이점은 처음 사회관계에 들어설 때 노동을 통해 들어가는가, 소비를 통해 들어가는가의 차이라고 생각한다. 벌써 사십 년도 더 지난 일이지만, 우리들이 어렸을 때 사회적인 활동은 먼저 노동주체로서 자기를 세우는 방식으로 시작되었다. 사회적으로 무능력한 어린아이가 성장해가는 과정에서 사회적 인정을 얻기 위해 가장 먼저 했던 일은 가사노동이었다. 식사가 끝난 후 밥그릇을 부엌까지 갖다놓거나, 마당을 쓸거나, 화초에 물을 주거나, 개를 데리고 산책을 나가거나, 아버지의 구두를 닦아놓거나, 이처럼 가정에는 어린아이가 할 수 있는 일들이 꽤 있었다. 부모는 당신들이 분담해야 할 가사노동을 아이들이 적게나마 줄여주니까 당연히 "고맙다"거나 "참 잘했어" 하고 칭찬해준다. 아이들은 그 칭찬이 기쁘고 자랑스럽다.

아이들이 가족이라는 최초의 사회관계 속에서 처음으로 유용한 구

성원으로 인지되기 시작하는 것은 가사노동을 분담하면서부터이다. 작지만 가족에게 노동력을 제공하고 이를 통해 감사와 인정을 보상으로 획득하면서 어리지만 자신의 정체성을 다져간다. 이러한 데서 예전에 아이들은 사회화 과정을 밟아가기 시작했다.

아이들은 좀더 자라면 가사노동에 머물지 않고 바깥 사회활동에도 참가하는데, 타인에게 뭔가 도움되는 일을 하면서 그에 대한 감사와 사회적 승인이라는 대가를 받는 교환 행위를 통해 자기 정체성의 기초를 만들어간다는 점에서는 가사노동의 경우와 다르지 않다. 노동의 작은 분담자로서 사회관계 속에 자기를 등록하면서 아이들은 먼저 노동주체로 자기를 세운다. 아니 이렇게 하는 것 말고는 달리 자기를 세울 방법이 없었다. 적어도 1960년대 중반까지 일본의 아이들은 정도의 차이는 있겠지만 누구나 노동주체로서 출발했다고 생각한다. 그런데 지금은 사뭇 다르다. 지금 아이들은 노동주체라는 형태로 사회적 인정을 받아 스스로를 세울 수 없다. 그럴 기회를 구조적으로 빼앗겼다.

둘러보면 오늘날 가사노동 자체가 현저하게 줄어들었다. 게다가 남은 가사 일이라는 것도 그리 생산적인 일이 아니다. 가령 청소나 빨래처럼 그 일을 하지 않으면 집안이 엉망이 되어서 하지 않으면 안 되는 노동은 남아 있지만, 그 일을 하면서 즐거움을 느낄 수 있거나 성취감을 얻거나, 또는 사회성을 기르고 자연스레 학습과 연결되는 일은 이제 거의 사라졌다. 개를 산책시키고 화초에 물을 주고 풀을 뽑는 일상적인 일들은 자연과 연결되는 일로, 많든 적든 아이들이 시간 가는 줄 모르고 몰입할 수 있는 요소가 있었지만 이제는 가정에서 그런 일을 찾기가 힘들다. 부모들 입장에서는 아이들에게 일을 시키고 싶어도 일거리가 없어서 가사노동을 시킬 수가 없다. 아이들 입장에서는 부모에게 가사노동 분담이라는 작은 선물을 할 수도 없고, 가정이라는 시스템에 작게나마 자신도 공헌하고 있다는 기쁨을 누릴 기회도 없다.

오히려 지금의 아이들에게 요구되고 있는 것은 '아무것도 하지 않기'다. 아이들이 이리저리 돌아다니는 자체가 집안 질서를 어지럽히는 요소여서, 가능하면 그들에게 할당된 공간 안에서 가만히 있는 것이 아이들이 할 수 있는 최대의 공헌이 되었다. 이런 가정이 매우 많다고 본다. "됐으니까 너는 아무것도 하지 말아줄래!" 하는 엄마들의 화난 목소리는 요즘 다들 익숙할 정도로 많이 듣는 거지만, 잘 생각해보면 이런 식의 금지는 우리들이 어렸을 때는 별로 들어보지 못했다. 어린아이의 미약한 도움일지라도 없는 것보다는 나았고, 그 고사리 같은 손들이 할 수 있는 일들이 얼마든지 있었다. 일본 속담에 '고양이 손이라도 빌리고 싶다'는 말이 있을 정도로 바쁠 때가 종종 있었다.

그런데 이제는 가정에서 아이들에게 부탁할 만한 생산 활동이 거의 없어졌다. 반면에 아이들의 소비활동은 아주 이른 시기부터 촉발된다.

## 돈은 사람을 차별하지 않는다

요즘 아이들은 무엇보다 먼저 소비주체로 자기를 확립할 것을 거의 제도적으로 강제 당한다. 원인으로 몇 가지를 들 수 있다. 누구나 납득할 수 있는 원인은 자녀를 적게 낳는다는 것이다. 그 결과 부부에 자녀 하나가 있는 경우, 그 아이에게는 이른바 '여섯 개의 주머니', 그러니까 부모, 조부모, 외조부모라는 여섯 개의 주머니에서 용돈이 끊이지 않고 윤택하게 공급된다. 서너 살에 벌써 지폐를 들고 물건을 사러 가는 아이들이 있다.

우리 세대에는 태어나서 처음으로 한 사회적 활동이 노동이 아니고 소비였던, 그러니까 가사 일을 돕는 경험보다 먼저 돈을 쓴 경험이 있는 아이들이 거의 없었다. 반대로 지금 아이들은 거의 절반이 태어나서 처음으로 한 사회 경험이 물건 사기였을 것이다.

이 첫 경험의 차이는 대단히 결정적인 것이다. 아이들이 생전 처음으로 물건을 샀을 때 어떤 인상을 받았을까? 그리 어렵지 않게 상상할 수 있다. 그것은 '돈에는 색깔이 없다(돈은 사람을 차별하지 않는다)'일 것이다. 편의점 계산대에 돈을 내면 점원은 앵무새같이 "어서 오십시오"라는 인사말과 함께 네 살짜리 꼬마든 스무 살 청년이든 여든 살 노인이든 구별 없이 그에 상응한 상품이나 서비스로 교환해준다. 당연한 일이라고 생각하는가? 하지만 네 살짜리 어린아이에게는 틀림없이 짜릿한 경험이었을 것이다.

한 사람 몫으로 사회관계의 장에 등장하는 경우, 만일 그가 네 살짜리 어린아이라면 그를 교섭 상대로 대등하게 대우해줄 어른은 없다. 하지만 돈을 쓰는 사람으로서 등장한다면 그 사람의 나이나 식견, 사회적 능력 따위의 속인적 요소는 기본적으로 아무것도 따지지 않는다. 그 자리에서 쓰는 돈이 얼마인지가 중요하지, 돈을 쓰는 자가 누구인지는 아무도 고려하지 않는다. 바로 이것이 '돈의 투명성'이라는 특권적 성격이다. 사회적 능력이 거의 제로에 가까운 어린아이가 여기저기서 쥐어주는 용돈을 가지고 소비주체로 시장에 등장할 때 처음 느끼는 소감은 '법을 뛰어넘는 전능함'일 것이다. 어린아이라도 돈만 있으면 어른과 대등한 서비스를 받을 수 있다는 전능성은 우리가 어렸을 적에는 전혀 경험하지 못했던 이질적인 것이다.

소비하는 일로 사회활동을 시작한 아이들은 인생의 아주 초반부터 '돈의 전능성'을 경험한다. 그렇게 출발선에서 받은 각인의 영향은 상상 이상으로 크다고 본다. 누구든 소비주체로 등장하는 한, 그 구매주체의 다른 어떤 부분에 대해 누구도 문제 삼지 않는다는 각인, 이는 단순히 배금주의적 경향이 심어지는 것과는 다르다.

문제는 돈의 많고 적음이 아니다. '사는 사람'이라는 위치를 선점하는 것이 중요한 것이다. "나는 사는 사람입니다" 하고 자신을 설정하면 아무리 어린아이라도 어엿한 한 사람의 선수로 시장에 참가하도록 허락된다. 이 경험이 가져다주는 짜릿한 쾌감은 매우 중요하다. 어린아이가 한번 이 쾌감을 맛보면 그것이 어떤 결과를 가져올지 예상하기란 어렵지 않다. 아이들은 그 다음부터는 어떤 상황에서도 우선 자신을 '사는 사람'으로 설정하고, 또 누군가와 마주하는 상황이 되면 무엇보다 먼저 자기를 소비주체로 내세울 수 있는 방법을 찾으려 할 것이다. 당연히 학교에서도 아이들은 '교육 서비스를 사는 사람'이라는 위치를 무의식중에 선점하고자 한다. 아이들은 마치 경매에 참가한 부호들처럼 바지주머니에 손을 넣고서는 교단 위의 교사를 거만하게 바라보며 속으로 말한다. "자, 당신은 뭘 팔 건데? 마음에 들면 사주지."

이 말을 교실 용어로 바꾸면, "글자를 배우는 게 무슨 의미가 있나요?"가 된다.

등가교환을 하는 거래에서 가장 중요한 특징은 사는 사람은 '자기가 살 상품의 가치를 잘 알고 있는 듯' 행동한다는 점이다. 당연한 말이겠으나, 인간은 그 가치를 모르는 상품은 사지 않는다. 우리는 상품을 살 때 여러 개의 유사 상품을 놓고 사양과 성능, 가격 등을 비교해보면서 그 상품이 어디에 쓰이고 자기에게 어떤 의미가 있는지 충분히 알고 난 뒤에야 돈을 낸다. 상품정보를 꼼꼼하게 파악해 적절한 상품을 선택할 수 있어야 현명한 소비주체가 된다. 인생을 소비주체로 시작한다는 말은 물건을 잘 고르는 주체로서의 삶을 시작한다는 말이다.

소비주체는 자기 앞에 놓인 무언가를 우선 '상품'으로 받아들인다. 그리고 상품이 약속한 서비스와 기능이 자신이 지불해야 할 대가에 견줘 적절한지를 판단하고, 가져가도 좋겠다고 판단되면 돈을 내고 상품을 가져간다.

소비주체에게 '자신이 용도와 유용성을 이해 못하는 상품'이라는 것은 존재하지 않는다. 용도나 유용성을 모르면 처음부터 아예 상품으로 보이지 않는다. 초등학교에 입학해 얼마 되지 않았는데, 교사에게 "글자를 배우면 뭐가 좋아요?"라고 묻는 아이는 소비주체로서 지극히 자연스러운 질문을 던진 셈이다. "이 상품은 어디에 필요한가요?"라고 묻는 건 소비자의 권리이자 의무이기 때문이다.

이 어린 소비주체는 '가치와 유용성'을 이해할 수 없는 상품은 당연히 '살 가치가 없다'고 판단한다.

## 교육의 역설

―

또 한 가지 잊지 말아야 할 것이 있다. "이 상품을 사면 뭐가 좋은가요?"라는 질문을 할 때는 반드시 수사적 표현을 구사하게 된다는 점이다. 상거래가 일어나는 장소에서 구매자는 상품의 유용성(또는 무용성)에 대해 잘 알고 있다는 듯이 행동하고, "그 상품은 그리 흥미롭지 않군요" 하는 식으로 관심 없는 척 해야 거래를 유리하게 이끌 수 있다는 걸 알기 때문이다.

"그런 거 필요 없어요. 그 상품이 어디에 필요한지(또는 아무 소용없다는 것)를 잘 알고 있으니까요"라는 식의 말이 등가교환이 이루어지는 거래 장소에서 최대의 이익을 올릴 수 있는 협상술임을 어린 소비주체는 이미 똑똑히 알고 있다. 그렇기 때문에 "난 그거 필요 없어요. 무슨 쓸모가 있는지 도대체 모르겠거든요"라고 하는 건 어린 당사자로서는 지극히 논리적인 대응을 하고 있는 것이다.

이런 질문이 아이들에게 일종의 전능감을 부여한다고 앞에서도 말했지만, 교사가 제공하는 교육 서비스를 "그런 거 필요 없어요"라고 거절하는 것은, 지금까지 인류가 부지런히 쌓아올린 지적 구축물을 단박에 걷어차는 것과 다름없는 행위이기 때문에 전능감이 드는 것은 당연하다. 교사는 어안이 벙벙해 할 말을 잃고, 그러다 아이들의 눈치를 살피면서 "제발 공부 좀 해줘" 하며, 공부하면 뭐가 좋은지 이런저런 이유들을 늘어놓는다. 이 광경은 아이들 눈에, 시장에서 뭔가 결함 있는 상품을 팔아치우려고 "그런 건 필요 없어요"라며 달아나는 고객의 팔을 붙들고는 "싸게 줄게요" 하며 애원하는 모습처럼 비칠 것이다.

게다가 더 위태로운 점은 아이들의 눈으로 봤을 때 학교가 제공하는 '교육 서비스' 중에서 그 의미와 유용성을 납득할 수 있는 상품은 거의 없다는 사실이다. 아이들에게는 교육의 장에서 제공되는 교육의 대부분이 그 의미와 유용성에서 아직 와 닿지 않는다. 당연한 말이겠으나, 그것들이 어디에 쓸모가 있는지 아직 잘 모르고, 자신이 갖고 있는 저울로는 그 가치를 잴 수 없다는 바로 그 사실이야말로 그들이 배워야 하는 이유가 되는 것이다.

교육의 역설은 당사자가 교육이 제공하는 이익을 교육이 어느 정도 진행될 때까지, 경우에 따라서는 교육과정이 끝날 때까지 알 수 없다는 데 있다. 그런데 소비주체로 학교에 등장하는 아이들은 애당초 그런 역설이 교육을 성립시키는 바탕이 된다는 사실을 모른다.

옛날 아이들, 다시 말해 노동주체로 출발한 아이들에게 학교에서 하는 '공부'와 집에서 하는 '노동'은 (둘 다 영어로는 work인데) 동일한 것이었다. 일을 열심히 하면 가족과 이웃 사람들에게 '유용한 사회적 존재로 인정받는다'는 직접적인 보상이 주어졌다. 그러므로 "일을 하면 뭐가 좋아요?"라는 질문 따위가 아이들한테서 나올 일은 없었다. 가사노동을 하는 아이들은 자기가 하고 있는 노동이 어떤 의미와 유용성을 가지는지 알고 싶다는 말을 하지 않는다. 그저 자기가 하지 않으면 부모님 중 한 분이 해야 하고, 자기가 대신하면 어머니나 아버지의 부담을 덜어주게 된다. 단지 그뿐이다. 의미가 있든 없든 상관없었다. 집안일을 하면 부모님의 부담이 그만큼 줄어든다는 걸 잘 알고 있어서 그 일을 했다. 그 일은 인정에 대한 욕구를 충족시키는 것으로, 그렇게

서툰 솜씨로나마 노동주체로서 자기를 형성하는 과정을 밟아나갔다.

이에 반해 소비주체로 출발한 아이들은 자기 앞에 놓인 사물을 항상 '상품'으로 바라본다. 그리고 '흥정'하려고 한다. 최소의 화폐로 최대의 상품을 손에 넣으려고 한다.

보통 가게에서 팔고 있는 물건이라면 화폐로 그 대가를 지불한다. 그렇다면 학교에서는 무엇으로 대가를 지불해야 할까?

## '불쾌함'이라는 화폐
———

학교에서 학생들은 교사에게 교육 서비스에 대한 대가로 화폐를 지불할 수 없다. 하지만 어떤 형태로든 화폐를 내놓지 않으면 '사는 사람'의 자격으로 등가교환 현장에 설 수 없다. 그렇다면 아이들은 무엇을 화폐 대용으로 쓸까? 이에 대해서는 앞에서도 언급했지만, 아이들이 교실에서 사용할 수 있는 화폐는 하나밖에 없다. 그것은 불쾌함이다.

50분 수업을 조용히 참으며 듣는 일은 아이들에게는 '고역'이다. 그들은 이 고역이 주는 '불쾌함'을 '화폐'로 바꾸어 교사가 제공하는 교육 서비스와 등가교환을 하려고 한다. 학교라는 곳에서 아이들이 내놓을 수 있는 화폐는 그것밖에 없다. 아이들은 학교에 불쾌함을 견디기 위해 온다. 교육 서비스가 자신들의 불쾌함과 맞바꾸어 제공되는 것이라고 생각한다. 교실은 불쾌함과 교육 서비스가 등가교환 되는 장소인 셈이다.

아이들은 당연히 교실에서 익숙한 '흥정'을 벌이게 된다. 자기의 '불쾌함이라는 화폐'를 '교육상품'과 최고의 교환율로 교환하려고 한다. 가령 50분 수업을 듣는 불쾌함이라는 대가에 비해 거기서 제시되는 교육 서비스의 질이나 양의 값어치가 '적절하지 않다'는 판단이 들면 '값을 깎으려' 한다. 그러니까 그 수업의 가치가 '10분간의 집중'과 등가라는 판단이 서면 50분 수업 중 10분 정도는 교사에게 시선을 주고 강의 내용을 공책에 적는다. 그리고 나머지 40분간은 교육 서비스에 대한 대가를 지불하지 않아도 좋으니, 옆의 짝과 속닥거리거나 게임을 하거나 만화책을 읽거나 이리저리 돌아다니거나 잠을 자거나, 본인이 '불쾌하지 않다'고 간주하는 행위로 충당한다. 아니 '충당한다'는 말보다 오히려 '충당해야 한다고 생각한다'는 쪽이 더 정확할 것이다. 힘들게 천 원으로 깎았는데, 2천 원을 내줘서는 안 된다. 이것은 상거래에 어긋난다. 그러므로 일단 '이 수업은 10분 정도 집중할 가치밖에 없다'고 판단했으면 나머지 40분은 수업을 듣지 않는데 전력을 기울여야 한다. 잡담을 하는 이유는 하고 싶어서 하는 게 아니라 어쩔 수 없이 해야 하기 때문에 하는 것이다. 스와 선생이 예로 들었던, 잡담을 할 때 교사에게 지적받고 "듣고 있다니까요!" 하며 분연히 대답한 학생은 아마도 진짜 화가 났으리라. '정해진 시간 이상으로 수업을 듣지 않으려고 필사의 노력을 하고 있는데 어째서 단순히 나태와 부주의로 지적받아야 하는가'라고.

"수업받기 싫으면 학교에 오지 마!" 하고 교사가 말했다면, 잡담하던 아이는 격노했을 것이다. 학생 입장에서 보면 그것은 시장에서 상품을 살피면서 어떻게 값을 좀 깎아볼까 생각하고 있는데 "정가에 사지 않을 거면 가게에 오지 마!"라고 면박을 당한 쇼핑객 같은 기분이 들 테니까. 가격은 파는 사람이 일방적으로 정하는 것이 아니다. 파는 쪽에서 값을 높게 매겼으니 사는 나는 깎아야 한다. 엄정한 협상을 통해서 적정한 값으로 등가교환 하려는 현명한 소비자의 노력을 어째서 인정하지 않는가. 아이들은 아마도 이런 생각을 하고 있을 것이다.

아마 담배와 커닝 같은 문제행동에 대해서도 논리는 같지 않을까. 담배를 피우고 있는 현장을 들켰기 때문에 새삼스럽게 "피지 않았어요"라고 말한들 소용없다. 하지만 담배를 발로 비벼 끄면서 "피지 않았어요"라고 주장하면 사실의 확실성은 조금이나마 줄어든다. 5퍼센트가 되었든 10퍼센트가 되었든 '담배를 피고 있었다'는 사실의 신뢰성이 흔들린다면 손해 볼 일은 없다. 창문 밖으로 버리거나 변기에 흘려보내거나 해서 증거품을 없애버린다면, 설령 교사가 현장에서 보았다 하더라도 어쨌거나 이 문제를 교장 앞에서든 부모 앞에서든 설명할 때 교사가 하는 증언의 신뢰성을 미묘하게 깎아내릴 수 있다. 부정하기 어려운 사실이라도 일단은 부인해서 조금이나마 사실성을 깎아내려 학교에서 받을 벌칙을 줄이려고 한다. 이러한 행동은 시장에서 물건을 사는 방법과 똑같다. 아이들은 이러한 소비자 마인드로 학교교육과 대치하고 있다.

## 등가교환의 심리
———

내가 지도하는 4학년생이 교생실습을 하러 갈 때면 교수인 나도 실습학교에 인사를 하러 간다. 그럴 때면 수업을 참관할 기회가 생기기도 한다. 특히 공립 중·고등학교 수업에 들어가보면 학생들이 이 수업에 '흥미가 없다'는 의사표시를 너무 적나라하게 해서 언제나 놀라곤 한다.

수업을 시작하면 예나 지금이나 "차렷! 경례!"가 변함없이 이뤄지지만 풍경은 사뭇 다르다. 호령을 붙이는 반장이 교사의 신호를 받고 느릿느릿 일어나서는 마지못해 하는 듯이 호령을 붙이면 반 학생들은 반장보다 더 늘어진 자세로, 인체공학적으로 불가능해 보일 만큼 늘어진 자세로 일어나 마지못해 인사하고는 다시 느릿느릿 자리에 앉는다. 이 정밀한 신체의 움직임은 볼 때마다 나를 감동시킨다. 자칫 잘못해 교사에게 경의를 표하고 있다는 오해 따위는 사지 않도록 학생들은 완벽한 동작을 취하기 위해 전력을 다하고 있다. 단순히 게으름을 부리는 거라면 이 정도로 느리게 움직일 수 없다. 필요 이상으로 느리게 움직이는 쪽이 근육과 골격에 미치는 부담이 당연히 크기 때문이다.

이런 일련의 행동을 학생들이 생리적으로 이완해 있어서라고 해석해서는 안 된다. 이것은 명확한 의도를 가지고 행하는, 나름의 의미를 품고 있는 신체동작이다. 그들은 "선생님이 앞으로 제공할 교육 서비스에 우리는 아무것도 기대하지 않아요"라고 온몸으로 의사표시를 하고 있는 것이다. 시장에서 '자, 이제부터 값을 좀 깎아볼까' 하며 흥정할 자세를 취하는 소비자의 모습과 똑같다.

앞에서 말했듯이 시장에서 고객이 처음으로 취하는 자세는 그 상품을 구입할 의사가 얼마나 없는지를 연극적으로 표현하는 것이다. 그렇게 하면 상대로부터 양보를 받아낼 수 있다는 사실을 현명한 소비자는 이미 알고 있다. 그와 마찬가지 행위를 학생들도 하고 있다. 듣고 싶지도 않은 수업을 참고 들어주고 있으므로 "불쾌함을 무릅쓰고 수업에 집중하는 고역을 더 이상 지불할 능력이 없으니 그렇게 아세요"라고 교사에게 선언하고 있는 것이다. 고작 10퍼센트 정도의 집중이야 못할 것도 없지만 그 이상은 기대하지 말라는 듯이.

이것은 의심할 수 없는 거래다. 그렇기 때문에 학생들이 지각하거나 수업을 빼먹는 등 정말 게으른 모습을 보이지만 그것이 학교를 그만두고 싶다거나 수업이 아무 의미가 없다는 판단을 드러내려는 건 아니다. 영어, 수학, 역사에도 다소의 실용적인 의미가 있다는 것은 학생들도 안다. 그들은 그저 '자신의 불쾌함과 등가인 교육 서비스'를 요구할 뿐이다. 문제는 등가교환이 적정하게 이루어지는 것이고, 그들에게는 적절한 등가교환이 무엇보다 중요한 것이다.

이 말은 그야말로 비즈니스 마인드에 입각한 주장이며, 그런 측면에서 보면 아이들의 주장은 경제적 합리성에 딱 들어맞는다. 어째서 아이들과 그 부모가 중·고등학교 진학을 앞두고 공립학교보다 사립학교를 선택하게 되는 그 이유도 바로 여기서 찾을 수 있다고 생각한다. 그런 통계가 있는지는 알 수 없지만, '학비가 비싼 사립학교일수록 아이들의 수업 태도가 진지하다'는 법칙이 아마도 있지 않을까 싶다. 고액의 학비를 부담할 능력이 있는 가정에서 자란 아이들은 그렇지 않은 아이들보다 사회적인 훈련이 잘 되어 있다거나 상대적으로 학력이 높아서 그렇다는 식으로 설명하겠지만, 나는 생각이 좀 다르다. 그것도 하나의 이유로 꼽을 수는 있겠으나 부모가 미리 고액의 수업료를 낸 경우, 아이들은 교실에서 '불쾌함이라는 화폐'를 지불해야 할 의무를 다하지 않아도 된다는 것과 관련 있다고 생각한다.

어째서 이런 태도가 일본 사회에 정착했는지 이 문제에 대해 나는 약간 위험한 가설을 세운다. 이 이야기는 나중에 다시 하겠다. '공부로부터의 도피'라는 주제에서 조금 벗어나지만 이 가설은 니트족*의 발생 원인에 대해 어떤 시사점을 줄 것이다.

## '불쾌함'이라는 화폐의 기원

불쾌함은 화폐로 유통된다. 아이들은 이 등가교환의 원칙을 도대체 어디서 배웠을까? 아마도 가정에서 부모 사이에서 이루어지는 거래 방법을 통해 등가교환 하는 법을 배웠다고 본다. 아이들은 '타인이 초래하는 불쾌함을 견디는 것'이 가정 내에서 화폐로 기능한다는 것을 아주 어릴 때부터 습득한다. 현대 일본의 가정에서 화폐 대신에 유통되는 것, 그리고 아이들이 생애 처음으로 '화폐'로 인지하는 것은 타인이 존재한다는 불쾌감을 견디는 것이다. 가정에서 실제 일어나는 모습을 떠올리면 누구나 납득이 갈 것이다.

현대 일본의 전형적인 핵가족에서는 아버지가 밖에서 일해서 벌어 오는 수입으로 가계를 꾸린다. 그런데 샐러리맨의 경우, 아버지가 땀 흘려 노동하는 모습을 가족들은 볼 기회가 없다. 아버지가 일하는 모습을 태어나서 단 한 번도 본 적이 없는 아이들도 많을 것이다. 예전에는 월급봉투라는 게 있어 대개 월말이면 아버지가 현금이 든 월급봉

투를 집으로 가지고 와 그날 만큼은 돈가스나 불고기같이 보통 때와는 다른 특별한 음식을 먹는 등, 가족을 부양하는 자에 대한 감사의 마음을 온 가족이 모여 확인하는 행사를 가졌다. 하지만 이러한 풍습도 월급이 은행계좌로 들어오면서부터는 사라졌다. 전쟁이 끝나고 60년이 지난 지금, 아버지가 일을 해서 가계를 꾸려간다는 실감은 가족들 사이에선 점점 희미해졌다.

그 결과 어떤 변화가 일어났을까? 아버지가 가계의 주요 부담자라는 사실은, 아버지가 밤늦게 돌아와서 온몸으로 표현하는 '피로감'으로 상징적으로 표현될 뿐이다. 말하기도 귀찮다는 듯이 언짢은 얼굴로 문을 열고 들어와 힘없이 옷을 벗고, 아내와 아이들이 건네는 말에도 대답 없이 오로지 자기의 피곤하고 힘든 기분만 신경 쓰는 모습에서 가족들은 아버지가 수많은 불쾌함을 견디면서 가계를 꾸리고 있다는 엄숙한 사실을 미루어 짐작하게 된다.

사냥꾼인 아버지가 사냥한 짐승을 들고 집으로 돌아오듯이, 농부인 아버지가 곡식과 채소를 지고 집으로 돌아오듯, 현대의 샐러리맨 아버지는 노골적으로 언짢은 얼굴을 가지고 돌아옴으로써 자기가 가족을 부양하기 위해 부당하고 가혹한 노동에 종사하고 있음을 과시한다. 이

---

* 니트NEET: 영국 정부가 노동정책상 인구 분류로 정의한 용어로 Not in Education, Employment or Training의 약자이다. 교육을 받지 않고, 노동을 하지 않고, 직업훈련도 받지 않는 사람을 말한다. 일본 노동후생성의 정의에 따르면, 비노동력 인구 중에서 15~34세의 대학을 졸업한 자, 미혼이면서 가사노동이나 통학을 하지 않는 자를 가리킨다. 종종 프리터와 혼용되기도 한다. 하지만 프리터는 아르바이트를 하면 근로자로 취급받고, 실업자는 취업 활동을 하고 있다는 점에서 니트와 구별된다. 니트는 일반적으로 '일할 의욕이 없다'는 의미로 쓰인다._역주

런 연유로 다른 가족들도 아버지의 모습을 따라하게 된다. 엄마도 아이들도 각자 나름대로 가정을 지키고 있다는 자부심은 있으나, 이 자부심을 나타낼 방법이 없다. 그래서 아버지에게 지지 않을 정도로 언짢은 얼굴을 함으로써 자신이 기울이고 있는 노력을 호소하는 수밖에 없다.

우리 어머니 세대의 주부들에게 가사노동은 글자 그대로 육체노동이었다. 가족들의 옷을 빨래판 위에 놓고 비누로 손빨래를 하고, 빗자루와 총채, 걸레로 온 집을 쓸고 닦고, 목욕탕에 물을 길어 나르고, 풍로 하나로 요리를 하고, 우물가에 쪼그리고 앉아 설거지를 하고, 줄줄이 사탕 같은 아이들의 옷을 깁는 등 사람 손이 일일이 드는 가사일은 아버지가 회사에서 하는 일에 필적하는 중노동이었다. 그리고 이러한 노동의 성과를 가족들은 깨끗한 옷과 청결한 집, 따뜻한 밥이라는 형태로 직접 경험할 수 있었다. 그렇기 때문에 어머니의 가사노동에 대한 고마움과 존경심은 오늘날의 아이들이 상상할 수 없을 정도였다.

그런데 가정에 편리한 가전제품이 들어차면서 주부의 가사노동은 현격히 줄어들었다. 육아를 제외하면 가사일에서 '육체노동'에 속하는 것은 없다고 봐도 좋을 것이다. 그렇다면 육아를 끝낸 주부들이 가정에서 노동을 하고 있음을 상징적으로 드러낼 수 있는 일은 무엇이 있을까? 아마 다른 가족의 존재를 참고 있다는 사실 말고는 없을 것이다. 대단히 비극적인 일이지만, 오늘날 일본의 많은 주부들이 남편에게 보여주는 최대의 봉사는 남편의 존재 자체를 견뎌 내는 것이다. 남편의 구취와 체취를 참고 식사와 옷을 챙겨주고, 남편의 불만과 짜증을 받아주고, 요구하면 잠자리 상대가 되어준다. 이런 일들은 모두 아내들에게 '불쾌함'으로 계산된다. 이런 불쾌함을 견뎌 내는 대가로 아내들은 재산의 반을 권리로 주장할 수 있다.

아이들도 사정은 마찬가지다. 아이들은 아무것도 생산할 수 없다. 생산하고 싶어도 능력이 없다. 전적으로 보호와 부양의 대상일 수밖에 없다. 과거에 아이들이 가사노동을 하게끔 이끈 것은 이에 대한 책무감이었다. 그러나 지금 아이들에게는 가정에 공헌할 수 있는 일이 없다. 그들에게는 단지 "그럴 시간 있으면 공부해라" 또는 "학원이나 가라"는 요구가 있을 뿐이다. 그래서 아이들은 어른들이 시키는 대로 국영수 학원에 가거나 예체능 학원에 간다. 그리고 밤늦게 집에 돌아오면 지쳐 말할 기운도 없고, 가족들을 신경 쓸 여력도 없다. 그저 온몸으로 피로와 불쾌함을 표현함으로써, 아이도 아이 나름대로 주어진 임무를 훌륭하게 수행하고 있음을 보여주려고 한다. 엄마 아빠가 그렇듯이 자신도 충분히 기분이 언짢은 상태라는 것으로, 자신도 불쾌함을 견디고 있고 따라서 집안에 보탬이 되고 있음을 과시한다.

가족 중에서 '누가 가장 집안에 보탬이 되는가'를 '누가 가장 기분이 나쁜가'로 측정한다. 이것이 현대 일본 가정의 기본 규칙이다. '불쾌함'이라는 카드를 가정에서 가장 많이 쓰는 사람이 자원 배분과 결정의 순간에 가장 강력한 발언권을 가질 수 있다. 그렇기 때문에 가족 전원이 '우리 집에서 가장 많이 불쾌하고, 가장 많은 불이익을 받는 사람은 누구인가'를 둘러싸고 패권 경쟁에 열중하게 된다. 그 결과 아침에 일어나서 밤에 잠들 때까지 모든 활동에 대해 "나는 이것이 불쾌해"라고 끊임없이 표현하는 사람이 더 많은 '화폐'를 모으게 된다. 그렇지 않고는 가족 모두가 '이 집의 구성원으로서 감수하는 불쾌함'을 두고 필사적으로 경쟁할 이유가 없다.

## 클레이머가 증가하는 배경

———                                                        평범한 가정에서 날마다 벌어지는 이 게임의 규칙은 '제일 먼저 불평을 하는 사람이 승리자'라는 것이다. 이 게임을 유아기부터 해온 아이들은 어떤 경우라도 누구보다 먼저 '피해자' 위치를 선점하려 한다. 우리는 살아가면서 이런저런 불쾌한 일과 부딪치는데, 그 모든 일에서 '나는 불쾌함을 견디는 사람'이고, 당신은 '나를 불쾌하게 하는 사람'이라는 피해자-가해자 도식을 순간적으로 만들어낸다.

아마 많은 사람들이 현대 일본인은 이런 능력을 이상할 정도로 발달시키고 있다는 사실을 웬만큼 알고 있으리라 생각한다. 거리를 걷다가 지나가는 사람과 부딪혔을 때 나는 꼭 먼저 "미안합니다" 하고 사과한다. 그런데 나에게 먼저 사과하는 사람은 거의 보지 못한다. 젊은 이들뿐 아니라 50대, 60대도 그렇다. 힐끗 째려보다가 투덜거리며 지나가는 사람들이 많아졌다. 이것은 예의가 있다 없다 문제가 아니라, 어떤 경우든 "네 탓에 내가 기분 나쁘다"고 하는 태도를 먼저 취하는 편이 유리하게 작용한다는 것을 잘 알고 있어서 다들 점점 이런 태도를 취하게 되는 것 같다.

'클레이머claimer'가 바로 그렇다. 백화점의 고급 부인복 매장에서 일하는 졸업생이 들려준 이야기에 따르면, 이른바 '전문 클레이머'가 있는 모양이다. 이 사람들은 비싼 파티 드레스나 정장을 사서 일주일 정도 지난 뒤에 "이 옷 마음에 안 들어서 반품하겠어요"라며 가져온다. 가지고 온 옷에는 짙은 향수 냄새가 나고 음식물 자국까지 있다. 하지만 백화점은 아무 말도 하지 않고 반품처리를 해준다. 2~3월 졸업식, 입학식 시즌이 되면 매장의 값비싼 외출복들은 거의 클레이머들이 가져간다. 물론 시즌이 끝나면 반품된다. 이러한 악질 클레이머가 전체 고객 중 몇 퍼센트는 된다고 한다. '한 푼도 지불하지 않고 꾸준히 새 옷을 입는 사람들'이 가져다주는 손실은 모두 비용으로 처리되어 '정상적으로 돈을 내고 옷을 사는 사람들'이 그 비용만큼 돈을 더 내게 된다. 참 염치없는 짓이지만, 아마도 그들은 '제공된 상품에 만족하지 않아야 이익이 된다'고 깊이 확신하고 이를 체화하고 있을 것이다. 그런데 이 정도는 그나마 무해한 편이다. 공무원과 얽힌 불상사나 의료 사고에서의 클레임 과잉은 사회 시스템 자체를 붕괴시킬 수 있는 지경까지 진행 중이다. 물론 학교도 그렇다.

## 배움과 시간

불쾌함을 기호적으로 표시함으로써 교환을 유리하게 이끌고자 하는 이 작전이 1980년대 이후 학교교육의 조직적인 파탄을 가져왔다고 스와 선생은 주장한다. 대단한 통찰이 아닐 수 없다. 이 논리라면 교육 현장이나 노동 현장에서 일어나고 있는 이해 안 되는 현상 중 몇 가지는 설명이 가능하리라 본다.

학교교육에 등가교환의 원칙이 적용되는 순간, 교육은 이미 교육으로 존재할 수 없다. 이미 교육은 흔들리고 있다. 만약 학생들을 교육 소비자로, 다시 말해 소비주체로 인정해버리면 교육의 장에서 제공하는 배울거리의 의미와 가치를 결정할 권리가 아이들 손에 맡겨지게 된다. 그리하여 아이들은 소비주체로서 "나는 그 가치를 알고 있는 상품만 적정한 대가를 지불하고 구입하겠다"고 소리 높여 선언하면서 학교로 올 것이다.

그런 아이들이 조용히 수업을 들을 턱이 없다. '시장 원리를 기초로 할 때 배움은 일어나지 않는다.' 이는 교육이 무엇인지를 사유할 때 기본이 되는 말이다. 이 기본원칙을 무시하면 앞으로 아무리 정밀한 교육 모델을 만들고 참신한 교육방법을 고안한다 해도 모두 허사가 될 것이다.

등가교환이란 공간 모델이다. 즉 이차원적으로 '그림으로 그릴 수 있다'는 말이다. 내 앞에 화폐가 있고 건너편에는 상품이 있다. 이 둘이 등가이면 교환이 가능하다. 이 둘이 등가라는 사실은 보통 두 개의 사물이 '같은 크기'라는 식의 비유로 나타낼 수 있다. 그리고 이 비유가 설득력을 갖기 위해서는 두 개의 사물이 동시에 그리고 인접해서 존재해야 한다. 칼 마르크스도 『자본론』에서 '린넨 20엘레*=웃옷 1벌'과 같이 공간 모델을 이용해서 등가성을 표현할 수밖에 없었다. 이렇듯 등가교환은 공간 모델이 아니면 기술할 방법이 없다. 그러나 배움의 과

---

*엘레elle : 독일에서 쓰는 길이를 재는 단위로 1엘레는 66센티미터이다._역주

정은 공간적으로 나타낼 수 없다. '그림으로도 그릴 수 없는 것', 그래서 오히려 배움의 과정에 활력이 생긴다.

'그림으로 그릴 수 없는 것'이란 무엇일까? 소비주체로서 등가교환 원리로 살아가는 인간이 결코 나타낼 수 없는 것은 과연 무엇일까? 생각해보면 답은 간단하다. 바로 '시간'이다. 시간이라는 것은 공간적으로 표현할 수 없다.

"아니예요. 시간도 공간적으로 나타낼 수 있어요. 시계를 보면 시간이 보이잖아요?" 하는 사람이 있을지 모르겠다. 정말 그럴까? 시계가 시간을 공간적으로 나타내고 있을까? 그렇지 않다. '3시간 경과하는 사이에 12시에서 3시까지 작은 바늘이 90도 이동했다'는 말은 12시에서 3시까지 작은 바늘의 이동을 '무시간적으로 바라보는 사람'을 상정하지 않으면 할 수 없는데, 그런 사람은 어디에도 존재하지 않기 때문이다. 12시에 바늘을 본 사람과 3시에 바늘을 본 사람은 '다른 사람'이다. 12시에서 3시 사이에 시계를 보았던 '나'는 죽었을지도 모른다. 또는 시력을 잃었을지도 모르는 일이고, 뇌 손상을 입어서 시계를 볼 능력을 잃어버렸을 수도 있다. 적어도 3시간만큼 '나'의 노화는 진행되고, 신체를 구성하고 있는 분자, 원자의 몇 퍼센트는 새 것으로 바뀌어 있다. 3시간 사이에 일어날 수 있거나 실제 일어나고 있는 이런 변화들을 다 '없었던 일'로 해야 비로소 '작은 바늘이 90도 이동하는 것을 보고 있는 나'라는 무시간적인 표현이 성립된다. '시곗바늘을 보고 있는 인간'은 추상적으로 구축된 일종의 '유령'이다. 그런 것은 현실에는 존재하지 않는다.

상상해보자. 만약 지구상의 인류가 페스트로 몽땅 죽었다고 해도 시계는 움직인다. 그때도 '3시간'은 '작은 바늘의 90도 이동'으로 공간적 표현이 가능하다. 하지만 그 시계를 보는 사람은 이미 이 세상에 단한 명도 존재하지 않는다. '공간적으로 표현된 시간'은 사람이 없어도 인식할 수 있다. 이 말은 다시 말해 '공간적으로 표현된 시간'을 인식하는 것은 육체를 가진 인간이 아니라는 의미다.

잘 이해되지 않으면 그 대우명제를 생각해보기 바란다. 가령 내가 사랑에 빠졌다고 하자. 그 사람을 보면 가슴이 뛰고 몸이 뜨거워진다. 이 감각은 공간적으로 표현이 가능할까? 당연히 무리다. 그 이유는 사랑이 시간적인 현상, 다시 말해 불가역적으로 진행되는 현상이기 때문이다. 좋아하는 사람이 저 멀리 보인다. 점점 가까이 다가오자 표정과 목소리를 인식할 수 있다. 향수 냄새가 나고, 호흡이 가빠진다. 몸에서 열이 느껴진다…. 시간의 흐름 속에서 '이 사람을 좋아한다'는 감각은 빠른 속도로 항진한다. 그리고 이러한 느낌은 나 아닌 다른 사람은 결코 같이 체험할 수 없고, 나 자신의 경우에도 그 사람에 대한 사랑이 어느 날 식어버리면 두 번 다시 그 느낌을 똑같이 체험하기란 불가능하다.

'사랑을 하는 사람'은 '시곗바늘을 보고 있는 인간'과 성립하는 방식이 전혀 다르다. '공부하는 인간'과 '사랑하는 인간'은 같은 종족에 속한다. '배움'을 등가교환의 공간 모델을 이용하여 나타낼 수 없는 것은 배움이란 것이 '시간적인 현상'이기 때문이다. 시간적이지 않은 배움은 존재하지 않는다.

## 모국어 학습과
## 배움의 원리

—— 배움이 시간적인 현상임을 가장 쉽게 설명해주는 사례는 모국어의 습득이다. 모국어 습득은 가장 원형적인 학습이다. 다른 모든 학습은 이 경험을 원형으로 하여 구축된다고 단언해도 좋을 것이다.

모국어 습득은 우리가 모국어를 전혀 알지 못하는 단계에서 시작된다. 태어나서 얼마 안 되어, 경우에 따라서는 엄마 뱃속에 있을 때 이미 엄마아빠는 아기에게 말을 건넨다. 그리고 아기는 부모가 그렇게 건네는 말을 통해 모국어를 학습한다. 우리는 모두가 이런 방법으로 말을 습득했음에도, 말을 배우기 시작했을 때는 앞으로 무엇을 배울지 전혀 알지 못했다. 바로 이 점이 중요하다.

"슬슬 학교 갈 나이가 되어가니 우리말을 공부해볼까" 또는 "우리말 구사 능력이 좋으면 앞으로 취업할 때 유리할 거야" 같은 실용적인 계산을 하고서 모국어를 배우기 시작하는 아이는 없다. 아이들은 '언어'라는 개념도, '학습'이라는 개념도, '가치'나 '의미', '유용성' 같은 개념도 모국어를 배우기 시작한 시점에는 전혀 몰랐을 테니까.

그러니까 배움이란 자기가 무엇을 배우고 있는지 모르고, 그것이 어떤 가치와 의미와 유용성을 갖는지도 말할 수 없는 지점에서부터 시작된다. 오히려 자기가 무엇을 배우는지 몰라서, 그 가치와 의미와 유용성을 말할 수 없다는 사실이야말로 배움이 일어나는 동기가 된다.

배움은 원래 그렇게 구조화되어 있다. 그렇기 때문에 아기가 자라서 초등학교에 들어가면 문자를 배울 때도, 수를 배울 때도, 음악을 배울 때도, 아이들은 자기가 무엇을 배우는지, 무엇을 위해 배우는지를 배우기 시작할 때는 말할 수 없다. 말 못하는 것이 당연하며, 말할 수 없어야 한다.

배움의 과정에 던져진 아이들은 '이미' 배우기 시작했다. 이미 배움의 한가운데에 들어가 있지 않으면 안 된다. 다시 말해 아이들은 학습에서 주권을 가진 자유로운 주체로 존재하는 것이 아니다. 이 말은 1950년대 이후 교육현장에서는 큰 목소리로 하지 못했던 말이지만 원칙적인 말이므로 여기서는 크게 소리 내어 말하고 싶다. 먼저 배움이 있고, 그 운동에 끌려가고 있는 동안에 '배움의 운동에 끌려가고 있는 주체'라는 방식으로, 결과적으로 배움의 주체가 성립되는 것이다. 우리는 자신의 의사로 자기결정에 따라 배움 속으로 들어가는 것이 아니다. 배우고자 하는 마음은 언제나 배움에 뒤쳐져 있을 수밖에 없다. '나도 모르게 이미 배우고 있는' 그 미묘한 타이밍을 느끼지 않고서는 배움은 시작되지 않는다.

내가 자주 쓰는 비유가 있다. 정신을 차리고 보니 이미 게임은 시작되어 있고 거기서 자신이 선수로 투입되어 뛰고 있는 상황을 상상해보기 바란다. 게임이 언제 시작되었고 어떤 규칙으로 진행되고 있는지 자신은 아직 모른다. 하지만 일단 누군가가 자기에게 공을 패스해주는가 하면, 패스 받은 공을 "이쪽으로 보내라"고 눈으로 신호를 보내는 선수도 있다. 또는 험악한 얼굴로 달려드는 선수가 있어서 일단은 달아난다…. 이런 식으로 자꾸 반복하는 동안 점점 게임이 어떻게 진행되는지를 알게 된다. 배운다는 건 그런 것이라고 생각한다.

모국어를 한마디도 하지 못했던 아이가 어느 틈엔가 자유롭게 모국어를 구사한다. 그것은 아이가 모국어를 배우기로 스스로 결정해서 일어난 일이 아니다. 또 모국어 습득이 의미가 있고 사는 데 유리하다고 판단해서 시작한 일도 아니다.

배움이란, 배우기 전에는 몰랐던 잣대로, 배우고 나서야 비로소 그 의미나 의의를 측정할 수 있는 역동적인 과정이다. 배우기 시작했을 때와 배우고 있는 도중, 그리고 다 배우고 난 뒤의 배움의 주체는 완전히 다른 인간으로 존재한다. 이것이 배움이라는 과정에 몸을 던진 주체의 운명이다.

그러나 '교육 서비스'를 구입하기 위해 '교육 투자'를 하는 소비주체로 자기를 확립한 아이들에게 이런 배움의 과정은 이해 불가능한 영역일 뿐이다. 소비주체로 배움의 장에 들어선 아이들은 이른바 학교를 편의점과 같은 것으로 여긴다.

'물건을 사는 주체'는 무시간적 존재이다. 물건을 사기 전과 산 뒤가 조금도 달라지지 않는다는 것이 전제가 된다. 소비주체란 그런 것이다. 소비주체가 구매하기 전과 후에 다른 사람이 되어서는 곤란하다. 구매자가 입구로 들어가서 출구로 나오는 동안에 일어난 변화는 편의점에서 구입한 '교육상품'이 시장바구니에 들어 있다는 식의 외형적인 가치의 부가여야 한다. 소비자 자신이 변화해서는 안 된다. 이 말은 시계의 시침이 12시에서 3시까지 이동하는 동안에 '시계를 보는 사람'의 몸과 배움에는 아무 일도 일어나서는 안 된다는 것과 같은 이치다.

다시 말해 소비란 본질적으로 무시간적인 행위이며, 소비자는 무시간적인 '유령'이다. 소비자는 상품과 화폐를 교환하는 전 기간에 걸쳐 (그것이 현실에서 얼마만큼의 시간이 걸리든) 원리적으로는 '변화하지 않는 주체'로 정해져 있다. 물론 현실에서는 이런 일은 일어날 수 없다. 시간의 흐름 속에서 변화하지 않는 인간은 있을 수 없기 때문이다. 그럼에도 소비주체로 일단 시장에 들어온 인간은 누구나 '등가교환이 이뤄지는 동안 소비주체는 결코 변해서 안 되고 가치관을 바꿔서도 안 된다. 교환율도 바꿔서는 안 되며 자신이 측정하던 잣대를 바꿔서도 안 된다'는 엄중한 금기사항을 지켜야만 한다. 의도하지 않았지만 어느새 배움의 장에 소비주체로 등장해버린 아이들도 이와 같은 금기사항에서 자유롭지 못하다.

## 변화에 저항하는 아이들
—

이 금기사항은 지금 학교에 있는 아이들 사이에 떠돌아다니는, 너무도 이해할 수 없는 '강제된 무질서', '엄청난 노력을 요하는 아무것도 하지 않기' 같은 일련의 부조리한 행동을 설명해준다. 아이들이 교실에서 펼쳐내고 있는 '선생님 말안 듣기', '수업에 집중하지 않기', '딴짓 하기', '일어나서 돌아다니기' 같은 무질서해 보이는 행동이 일종의 무의식적인 통제의 결과라는 것이다. 그렇게 함으로써 마침내 (소비의) 질서를 지켜내는 역설적인 상황이 비로소 이해된다.

아이들은 '무질서하게 있을 것'을 거의 제도적으로 강제 당하고 있다. "어떤 명령에도 따르지 말라"는 명령에 전력을 다해 복종하고 있는 것이다. 내게는 그렇게 보인다. 만약 아이들이 정말로 단순히 산만하고 나태하다면 '자기도 모르게 깜빡해서 선생님 말씀을 끝까지 듣고 마는' 일이 있을 수 있기 때문이다. 몸을 뒤틀어서 50분간을 보내기보다는 앞을 보는 편이 신체적으로도 고통이 적기 때문에 편한 자세로 교단을 응시하는 학생이 있을 만도 하다. 하지만 그런 학생은 없다.

'아무것도 안 하기'는 원리적으로 생각하면 '노력'을 요하는 것이 아니다. 살기 위해 가능한 최소한의 노력만 하겠다는 것이 '아무 것도 안 하기의 본모습' 아닌가. 그런데 지금 학교에서 번식하고 있는 '아무것도 하지 않는 아이들'은 그렇지 않다. 그들은 '아무것도 안 하기'의 정형을 성실하게 지키기 위해 애쓴다. 아무것도 안 하는 인간으로 보이기 위해 최대한 나른한 표정과 소리를 내고, 교복을 규정과 다르게 입고, '아무것도 하지 않는 인간'임을 과시할 수 있는 상징적인 행위들을 텔레비전과 잡지를 보고 열심히 배우고 모방해서 더욱 더 '아무것도 하지 않는 인간'으로 보이도록 개선하는 데 노력을 아끼지 않는다.

이것을 '아무것도 하지 않기'라고 말할 수 있을까? 오히려 '근면함'이라고 불러야 하지 않을까? 틀림없이 아이들은 전력을 다해 그들을 끌고 가려는 어떤 압도적인 흐름에 항거하고 있는 중이다. 아이들이 온 힘으로 저항하고 있는 대상은 그들을 배움으로 유인해내려는 모종의 흐름과 '성장'으로 나아가게 떠미는 힘이다. 아이들은 시장이 정해놓은 금기사항과 규칙에 복종하면서, 그 흐름과 힘에 전력을 다해 저항하라는 명령을 수행하고 있다.

아이들은 그냥 내버려두면 '변화'를 추구한다. 인간이 생물인 이상 당연한 일이다. 분자생물학을 연구하는 후쿠오카 신이치福岡伸一 교수는 "우리 몸은 불과 며칠을 주기로 분자 수준, 원자 수준에서 새로운 몸으로 바뀐다. 그래서 사실 '실체'라고 할 만한 것은 아무것도 없다. 그곳에는 오로지 흐름만 있을 뿐이다"(『이제 소고기를 먹어도 될까』)라고 말한다. 변화하는 것이 생물의 자연스런 모습이다. 그렇다면 시장경제가 요청하는 '교환의 전 과정에 걸쳐 결코 변하지 않는 소비주체'라는 존재 양태는 생물의 본성을 거스르는 셈이다.

　초중등 연령의 아이들은 일생에서 어느 때보다 변화 속도가 빠른 시기를 보내고 있다. 그런 시기에 생물의 본성인 변화에 저항하지 않으면 안 된다니, 그러기 위해 얼마나 많은 에너지가 필요할까. 생물이 끊임없이 변화하고, 세포를 형성하는 단백질이 빠른 속도로 대사 작용을 하는 이유는 생존 전략상 필연성이 있어서다. 이것은 '외계(환경)의 변화에 응답하여 스스로를 바꾸는 생물의 특성, 다시 말해 생물의 가변성, 유연성을 담보하는 메커니즘이기 때문'이라는 후쿠오카 선생의 주장은 세포 분자 수준의 이야기지만, 사회 시스템에서도 마찬가지로 적용되는 원리다. 외계의 변화에 적응하여 변화할 수 있는 개체는 그렇지 않은 개체보다 더 오래 살아남을 확률이 높다. 굳이 분자생물학을 끌어들이지 않고 경험적으로 생각해도 너무 당연한 말이다.

　그러므로 인류는 그 옛날 여명기부터 아이들은 '배움의 과정'에 던져질 필요가 있다는 사실을 알고 있었을 것이다. 아이들이 무엇보다 먼저 배워야만 하는 것은 '변화하는 방법'이다. 그러므로 배움의 과정에서 개발해야 하는 것은 무엇보다 먼저 '외계의 변화에 대응하여 스스로를 변화시킬 수 있는 능력'이다. '배움'의 인류학적 의미는 여기에 있다. 배움의 역사는 인류의 역사만큼이나 오래되었다. 이에 비하면 시장경제와 등가교환의 원리가 인간 세계에 도입된 시기는 극히 최근이다. 시장원리를 내걸고 학교교육에 맞선 아이들은, 말하자면 인류학적인 진화의 흐름에 역행해 싸우고 있다 하겠다.

자신의 유아적 욕망을 가슴에 품고, 결코 성장하거나 변화하지 말고 그저 소비주체로 안주할 것. 시장원리는 아이들에게 그렇게 존재하길 요청한다. 하지만 그것은 아이들을 행복하게 하기 위해서가 아니다. 아이들을 외계의 변화에 적응해 살아낼 수 있게 하기 위해서도 아니다. 그럼에도 이 사실을 아이들에게 알려주는 사람은 거의 없다.

## '자기 찾기'라는
## 이데올로기의 함정
—— 아이들을 배움의 과정 속에 던지는 것, 이것이 우리에게 부과된 인류사적인 책무다. 하지만 오늘날 일본의 교육행정은 물론 미디어를 떠들썩하게 하는 교육론도 이와 정반대 방향의 '교육개혁'을 부르짖고 있다. 교육을 말하는 단어도 대부분 비즈니스 용어에 가깝고, 교육 관계자들도 아이들을 소비주체로 더 한층 강화시키기 위해 전력을 다하는 듯이 보인다. 도쿄대학의 카리야 타케히코 교수는 최근 아이들이 보이는 이런 현상이 실은 거의 국가정책처럼 수행되고 있다고 일찍부터 지적했다.

'자기 찾기'라는 것은 지금까지의 생활을 정리하고 어디론가 멀리 떠나고 싶어 하는 청년들의 욕망에 딱 들어맞아 세간에 널리 퍼졌다. 많이 알려지진 않았으나, 교육을 '아이들이 자기를 찾는 여행을 돕는 일'로 보는 관점은 오부치 내각 시절 중앙교육심의회의 답신('21세기를 전망하는 일본의 교육 위상에 대하여' 제1차 답신)에서 처음으로 등장했다.

"나는 정말 어떤 인간인가?" "나는 정말 무엇을 하고 싶은가?"

조금 미안한 말이지만. 이런 질문이 사람을 성장시키지는 못한다. 조금만 생각하면 알 수 있다. '나를 찾는 여행'을 떠나는 젊은이들은 과연 어디로 갈까? 뉴욕, 로스앤젤레스 아니면 파리나 밀라노 또는 발리섬이나 콜카타 또는 바그다드나 탄자니아 그 어디라도 좋다. 나를 아는 사람이 없는 곳이라면 어디라도 상관없다. 나에 대해 아무것도 모르는 사람들 속에서 다른 언어와 종교, 생활습관으로 생활한다면 내가 어떤 사람인지 알 수 있으리라, 아마도 이런 마음이리라.

하지만 좀 이상한 발상이다. 만약 자기가 어떤 사람인지 정말로 알고 싶다면 자기를 잘 아는 사람들, 예컨대 부모라든가 친구들을 대상으로 긴 인터뷰를 하는 편이 훨씬 낫지 않을까? 굳이 외국까지 가서 문화적 배경이 전혀 다른 곳에서 언어도 통하지 않는 상대와 대화하고, 그래서 자기가 어떤 사람인지를 알게 된다는 말을 나는 믿지 못하겠다. '나를 찾는 여행'의 진짜 목적은 '만남'에 있지 않고, 오히려 나에 대한 지금까지의 외부평가를 재설정하는 데 있는 것처럼 보인다.

인간으로 태어나 한 20년쯤 살았으면 누구라도 나름의 경험을 축적했을 것이고, 또 그 사람의 능력과 식견에 대한 평가도 어느 정도 내려져 있기 마련이다. 어쩌면 '자기를 찾는 사람들'은 이 평가가 불만인 게 아닐까. 아마 그럴 것이라 짐작한다. 가정과 학교 그리고 일터에서 자기가 한 언행이 쌓이고 쌓여서 받은 "당신은 이런 사람이군요" 하는 외부평가가 납득이 가지 않는다. '나는 더 높은 평가를 받아야 해. 내게 좀더 경의를 표해주면 좋겠어. 나는 좀더 사랑받을 만하며, 더 많은 권력과 위신과 재산을 누려야 해.' 아마도 이렇게 생각하는 사람들이 '나를 찾는 여행'을 떠날 것이라고 생각한다.

'자기 찾기'란 자기평가와 외부평가 사이에 넘을 수 없는 간극이 있는 사람에게서나 볼 수 있는 일로 여겨진다. 그런데 사람들은 대체로 외부평가보다 자기평가에 후하기 때문에 외부평가 자체를 문제 삼는 것은 옳지 않다. 오히려 자기가 납득할 수 있는 경의와 위신을 획득하기 위해 노력해야 한다. 보통은 이런 과정을 통해 인간적으로 성장해간다. 하지만 개중에는 외부평가를 완전히 부정하는 폭거를 저지르는 사람도 있다. "다들 멍청해서 사람을 몰라보는 거야" 하며. 그래서 그런 멍청한 사람들이 하나도 없는 곳으로 가서 외부평가를 다시 받으려 한다. 하지만 잘 될 리가 없다. 자기가 스스로에게 내린 평가가 타인의 평가보다 더 진실하다는 전제 자체가 근거가 없기 때문이다.

내가 나를 가장 잘 안다는 말은 유감스럽지만 사실이 아니다. 만약 '진짜 나'라는 게 있다면, 어떤 일에서 '다른 사람이 대신할 수 없는' 뭔가를 한 뒤 주위 사람들로부터 인정을 받음으로써 비로소 어떤 모습을 갖게 될 것이다. 내가 유일무이한 존재가 되려면 "나는 누가 뭐라 해도 하나밖에 없는 존재야"라고 선언한다고 되는 게 아니라 "당신의 역할은 누구도 대체할 수 없습니다" 하고 다른 사람들이 인정해주었을 때 비로소 확실해진다. 그러므로 진정 '자기 찾기'를 하고자 한다면 타인과 무관한 존재로서의 나는 누구인가를 묻는 게 아니라, '나 자신을 포함한 이 네트워크는 어떤 구조이고, 이 속에서 나는 어떤 존재인가'를 묻는 방식을 선택해야 한다.

그러나 우리가 아는, 자기를 찾는 사람들은 이런 질문을 하지 않는다. 그들의 시선은 오로지 내부로 향한다. 자신이 어떤 존재이며, 이 세상에서 무엇을 이루어야 하는지에 대한 답이 자기 안에 다 있는 것처럼 말이다. 이 점에 대하여 카리야 선생은 이렇게 설명한다.

> 우리 사회는, 사람들이 어떤 행위를 하려고 할 때 행위의 동기가 그 자신 안에서 나왔는지, 교육심리학 용어를 빌리면 '얼마나 자발적인 동기에서 출발했는지'에 따라 그 행위의 가치를 매기는 일에 익숙하다. 타산과 이해관계보다는 자발성을 더 존중한다. 돈과 권력, 명성 등과 같은 자기 바깥에 있는 목표를 향해 행동하기보다는 개인의 흥미와 관심에 따른 행위를 더 바람직한 것으로 여긴다. 특히 개성을 존중하는 사회에서는 행동의 지침으로, 자기 안의 깊숙한 곳에 있는 '무엇인가'를 자기 바깥쪽에 있는 기준보다 더 존중한다. _ 카리야 타케히코 『계층화 일본과 교육 위기』

이는 아주 중요한 지적이다. 문제는 '자기 바깥에 있는 목표를 향해 행동하기보다도 개인의 흥미와 관심에 따른 행위를 더 바람직하게 여긴다'는 점이다. 말하자면 사회적으로 널리 유용하다고 인지된 가치일지라도 '내 입장에서 봐서' 유용성이 확증되지 않으면 미련 없이 버린다. 이렇게 자기중심적으로 가치를 매기는 일이 모든 상황에서 일어나고 있다. 이것이 교육붕괴의 가장 근본적인 원인이라고 생각한다.

## 미래를 헐값에 파는 아이들

만약 초등학교 1학년 교실에서 교사가 "자, 지금부터 우리말을 배우겠어요" 하고서, 아이들에게 우리말을 배우려는 자발적 동기가 자기 안에 있는지 자문하게 한 다음, 배움에 대한 자발적인 동기를 발견할 수 없다고 말하는 아이가 있다면 그 아이에게는 우리말 공부를 제도적으로 면제해준다면 학교는 과연 어떻게 될까? 그런데 사실은 지금의 학교가 공상과학 소설에나 나올 법한 그런 곳으로 변해가고 있다.

'무엇을 위해 공부하나?', '이 지식은 무슨 쓸모가 있나?', 교육개혁과 아이들의 학습 이탈을 둘러싸고 이런 물음들이 자주 등장하는 까닭도 그 배경에 개개인에게 끊임없이 학습의 의미를 묻고 의미 있는 학습만을 찾도록 부추기는 경향이 있기 때문이다. 그러나 애당초 이런 질문에 누구나 납득할 수 있는 해답이 있을 리가 없다. (중략) 재미있다-재미없다, 즐겁다-괴롭다, 당장 도움이 된다-도움이 될 것 같지 않다. 아이들이 '재미있고 도움이 될 만한' 수업을 원하는 것은, 너무 일찍부터 개개인에게 의미를 찾도록 하는 질문들이 사회에 충만해 있다는 사실의 반증이다. _ 앞의 책

나도 대학에서 같은 질문을 반복해서 받는다. "이것은 어디에 써먹어요?" 같은 질문을 학생들은 정말로 천진난만하게, 가장 먼저 해야 할 질문인 양 서둘러 묻는다. "무엇을 위해 공부하나요?", "이 지식은 어디에 쓸모가 있나요?"

작년에 한 국립대학에서 강의할 때 그 대학의 신문을 만드는 학생이 인터뷰를 하러 와서 처음 한 질문이 "현대사상은 왜 배워야 하나요?"였다. 이 질문을 한 학생은, 내가 그 질문에 설득력 있는 답을 하면 그것을 배워도 좋겠지만 내 답에 설득력이 없으면 배우지 않겠다는 선언을 하고 있는 셈이다. 어떤 학술 분야가 배울 가치가 있는지 없는지에 대한 결정권은 자기에게 있다는 사실을 질문을 통해 밝히고 있다. 나는 이 거만함과 무지에 정말로 감동받았다.

세상에는 스무 살짜리 학생이 갖고 있는 가치 척도로는 계량할 수 없는 것들이 무수히 존재한다. 비유하자면 그 학생은 자신이 애용하는 30센티미터 자를 가지고 세상의 모든 것들을 측량하려는 어린아이와 비슷하다. 30센티미터 자로 잴 수 없는 것들, 예컨대 무게나 빛, 탄력 같은 것들의 의미를 제대로 설명하기는 어렵다. 가진 거라곤 30센티 자밖에 없어 오로지 그 잣대로 세상의 모든 것을 계량할 수 있다고 굳게 믿는 어린아이에게 무엇을 어떻게 가르칠 수 있겠는가?

"무엇을 위해 공부하는 거죠?, 이 지식은 어디에 쓰이나요?" 이런 질문을 두고 언론도 교육자도 비평을 겸한 질문이라고 믿는다. 실제로 어린아이가 갑자기 이런 질문을 하면 많은 사람들이 말문이 막혀버린다. 자신이 던진 질문이 교사의 말문이 막힐 정도로 래디컬하고 비판적인 질문이며, 이것이 스스로 지성적임을 말해주는 증거라고 아이들은 굳게 믿는다. 그리고 매사 "그것을 어디에 써먹어요?"라는 질문을 던져서 만족할 만한 답변을 듣지 못하면 의기양양하게 내다버린다. 그러나 이런 똑똑함과 날카로움이 오히려 자신의 성장을 방해한다는 사실을 당사자들은 결코 깨닫지 못한다.

"어디에 쓸모가 있는가?"라고 묻는 사람은 어떤 일의 쓸모 있음과 없음에 대해 자신의 가치관이 바르다는 것을 이미 전제하고 있다. 쓸모가 있다고 '내'가 결정한 것은 쓸모가 있고, 쓸모가 없다고 '내'가 결정한 것은 쓸모가 없다. 하긴 딱 부러져서 좋긴 하다. 그렇다면 '내'가 쓸모가 있다고 내린 판정이 옳다는 것은 누가 보증해줄 수 있을까?

문제는 지금부터 한층 복잡해진다. 개인적인 판정이 옳기 위해서는 '연대보증인'이 필요하다. 그것은 '미래의 나'이다. '나'에게 자기결정권이 있는 것은 내가 한 결정으로 인해 나중에 불리한 사태에 직면한다 해도 그 책임은 스스로 감수하겠다고 '내'가 선언하고 있기 때문이다. "어디에 쓸모가 있는가?"라는 공리주의적 질문을 밑에서 떠받들고 있는 것은 이 '자기결정·자기책임론'이다. 이것 역시 '자기 찾기 이데올로기'와 같은 시기에 민관일체가 되어 주장했던 말이다. 그리고 이 주장이 헐값에 미래를 팔아치우는 아이들을 대량으로 배출하고 있다.

# 2. 리스크 사회의 약자들

인간의 고립화는 다양한 병적 형태를 취한다.
'공부로부터의 도피'도 초기 증상의 하나이다.
고립된 아이가 혼자서 학교라는 시스템과 정면으로 맞서고
있다. 자기 가치관을 학교 시스템에 대등한 것으로 대치시킨다.
"이것을 왜 배워야 하나요?"라는 질문을 들이댄다. 스스로
배울 가치가 있다고 인정하지 못하면 아이는 배움을 거부한다.

# 학력은 더 이상
## 취직의 보증수표가 아니다
———                                          중앙교육심의회의 답신이
있었던 비슷한 시기에 내각 자문기관인 '21세기 일본 구상 간담회' 역
시 '자기결정·자기책임론'을 내놓았다. 여기에 이런 말이 적혀 있다.

> 조직의 화합을 제일로 생각하는 일본인의 성향은 선진국 중에서는 빈부 격
> 차가 낮고 비교적 안정성이 높은 나라를 만들어낸 장점이 있다. 그러나 개
> 인의 능력과 창조력을 마음껏 발휘시키는 데는 오히려 걸림돌이 되었다. 세
> 계화와 정보화의 조류 속에서 다양성이 기본이 되는 21세기에는 일본인 각
> 자가 스스로를 확립하고 뚜렷한 개성을 지닐 것이 대전제가 된다. 이때 여
> 기서 요구되는 개인은 무엇보다도 자유롭게 자발적으로 행동하고, 자립해
> 서 스스로를 지키는 개인이다. 자기의 책임으로 위험을 감수하고, 자기가
> 지향하는 바를 향해 선구적으로 도전하는 '씩씩하면서 유연한 개인'이다.

정부가 집단주의에서 개인주의로 전환하자고 선언한 것이다. 세계
화 시대에 '조직의 화합' 같은 말 따위를 느긋하게 하고 있을 여유는 이
제 없다. 일본주식회사·호송선단 방식*은 끝났다. 앞으로 자기 앞가림

---

\* 일본주식회사는 평생고용을 특징으로 하는 일본의 주식회사들처럼 일본 사회 전체가 하나의 주식회
사처럼 굴러가는 것을 빗댄 말이다. 호송선단 방식이란 대량 수송을 위해 속도가 다른 배들을 선단으로
묶어 운항할 때 낙오를 막기 위해 속도가 떨어지는 배에 전체 속도를 맞추는 것을 말한다. 이에 빗대 자
금력이 떨어지는 금융기관에 행정을 맞추는 행정지침을 가리키는 말로도 쓰인다. 흔히 강력한 정부 지
원을 말할 때 쓰는 말이다._역주

은 자기가 한다. 강자가 승리하고 약자는 먹힌다. 이를 두고 세계화 시대의 공평성이라고 말하는 이른바 '구조개혁' 노선이 이 흐름에 맞춰서 등장하게 되었다.

집단주의에서 자기결정·자기책임으로 전환하는 것을 야마다 마사히로 선생은 그의 저서 『희망격차사회』에서 '리스크화'와 '양극화'라는 개념으로 설명한다. 이 두 키워드를 가지고 오늘날 일본 사회에서 일어나고 있는 현상들을 살펴보고자 한다.

전후 일본에서는 약 반세기에 걸쳐 '얼마만큼 노력하면 얼마만큼 사회적 자원을 나눠 가질 수 있다'는 식의 전망을 세울 수 있었다. 이처럼 노력과 성과의 상관관계가 예측 가능한 사회 시스템을 야마다 마사히로 선생은 '파이프라인 시스템'이라고 불렀다. 지금까지 학교 시스템은 전형적인 '파이프라인 시스템'이었다. 일단 파이프 안으로 들어가면 몇 번의 분기점을 거쳐서 파이프라인을 따라 아이들은 자동으로 어떤 직업, 어떤 사회계층으로 갈라져 나간다. 파이프라인이 갈라지는 기점에서 아이들은 좀더 좋은 학교를 목표로 공부한다. 수험 공부를 하는 '노력'은 학생의 실력에 맞는 학교에 들어간다는 '성과'로 보상받는다. 그 다음은 학력에 맞는 직업을 갖게 되고, 나아가 조직 안에서 승진하게 된다. '노력이 보상받는 직업사회, 가족생활'의 기초를 이 파이프라인이 규정하는 것이다. 야마다 선생은 같은 책에서 또 이렇게 말한다.

파이프 출구가 변해서 좁아졌는데 파이프 자체의 굵기에는 아무런 변화가 없다. 대학원처럼 파이프 자체가 굵어져버린 경우도 있다. 그 결과 종래의 학교교육 시스템의 핵심인 '파이프라인'에 균열이 가고, 누수가 발생한다. 즉, 파이프를 통과한다 해도 그 상태로는 직장을 구하지 못하는 사람들이 늘어난다. 다시 말해 학교에 입학해서 졸업한다는 '노력에 대한 확실성'이 사라지는 사태가 일어났다. _야마다 마사히로, 희망격차사회와 의욕상실, 중앙공론, 2005년 4월호

여기서 학교 시스템의 '리스크화'와 '양극화'가 발생한다. '리스크화' 란 사회의 불확실성이 증가하여 개인의 장래 생활을 예측할 수 있는 가능성이 낮아지는 것을 뜻한다. 대학을 나와 학위를 땄다고 해서 또 는 대기업에 취직했다고 해서 생활의 안정이 어느 정도 확실하게 보장 될지는 아무도 모른다. 얼마만큼 노력하면 얼마만큼의 보상을 받을 수 있다는, 노력과 성과의 안정적인 관계가 붕괴하기 시작한 것, 이것이 리스크 사회의 특징이다.

노력과 성과의 상관관계가 불확실하게 되면서 동시에 양극화가 진 행된다. 양극화는 '노력에 대한 보상을 받은 사람'과 '보상을 받지 못 한 사람' 사이에 엄청난 계층 격차가 발생하는 것을 말한다.

핵심은 파이프가 없어졌다는 것이 아니다. 대학을 졸업했다고 해도 화이트 칼라가 되지 못한다는 말은 대학에 가지 않아도 좋다는 의미는 아니다. 대 학에 가지 않으면 화이트칼라가 되기를 바라기가 더욱 어렵다. _위의 글

리스크 사회에서 학력은 그에 걸맞은 일자리를 보증해주지 않는다.

학력에 맞는 직업을 얻은 사람과 얻지 못한 사람 사이에 부당한 격차가 생긴다. 같은 대학원을 졸업해도 어떤 사람은 전임교수가 되고 어떤 사람은 보따리 강사에 그친다. 두 사람의 능력과 노력 사이에 의미 있는 차이가 있었다고 생각할 수도 있겠으나, 그럼에도 사회적 자원의 배분에서 투입한 노력의 몇 배나 되는 차이가 결과로 나타나버린다.

일반 기업에서도 정규직과 비정규직, 아르바이트 사이에 학력과 능력 차이가 거의 없음에도 대우나 장래의 전망에서 커다란 차이가 발생하는 사례가 무수히 있다. 리스크 사회에서는 반드시 양극화가 발생한다. 노력에서 아주 작은 투입의 차이가 성과에서 거대한 산출 차이를 낳는 경우가 있기 때문이다.

## 노력과 성과가
## 일치하지 않는 사회

―――　　　　　　그러나 리스크 사회의 문제는 대부분 그 다음에 있다. 바로 리스크 사회에서 어떻게 살아남을 것인지 생존 전략의 선택에 따라서 양극화는 더욱 진행된다. 가장 전형적인 예는 학교 시스템을 두고 벌어지는 양상들이다. 야마다 선생이 지적한 대로 학교는 이미 '파이프라인 시스템'으로서의 기능을 상실했다. 그러나 기능을 상실했다고 시스템이 없어진 것은 아니다. 이것이 문제다. 아직도 이 '파이프라인'을 노력과 성과가 비례하는 적절한 프로모션 시스템으로 활용하는 사람들이 존재한다. 이 점이 문제를 더욱 복잡하게 만들고 있다.

파이프라인에 균열이 생겼어도 계속 학습 노력을 기울이는 학생과 노력을 포기하는 학생 사이에는 분명한 학력 차가 발생한다. 그리고 리스크 사회에서는 투입의 근소한 차이가 거대한 산출 차이로 나타날 가능성이 높다. 카리야 타케히코 선생은 어머니의 학력과 자녀의 학습 시간 사이에 상관관계가 있다는 사실을 통계적으로 지적했다.(『계층화 일본과 교육 위기』)

일반적으로 부유층 가정의 아이들이 빈곤층 가정의 아이들보다 학력이 높게 나온다. 그 이유에 대해 보통 부유한 가정이 자녀교육에 더 많은 투자를 할 수 있기 때문이라고 설명하지만 그보다 더 내밀한 이유가 있다. 바로 부유층 자녀들은 높은 학력을 딸 경우 그렇지 않은 경우보다 더 많은 이익을 회수할 수 있다고 믿을 수 있지만, 빈곤층 자녀들은 학력의 효용을 더 이상 믿을 수 없게 되었다는 점이다.

여기에는 '학력의 차이'가 아니라 '학력에 대한 신뢰의 차이'가 있다. '노력의 차이'가 아니라 '노력에 대한 동기부여의 차이'이다. '학력의 차이'는 간단하며 계량이 가능하지만 '학력에 대한 신뢰의 차이'는 '공기'와 같은 것이기 때문에 통계적으로 취급하기 곤란하다. '목표하는 바를 위해 노력하면 반드시 보상받는다'는 것을 온 가족이 믿고 있고, 실제로 그 노력의 성과를 향유하는 환경에서 자란 아이들과 '공부해도 소용없다'고 공언하고 지금 사회적으로 낮은 계층에 있는 원인이 자신의 노력 부족이 아니라고 주장하는 부모 밑에서 자란 아이들을 비교하면, '노력에 대한 동기 부여'에서 결정적인 차이가 생기는 것은 피할 수 없다.

앞서 리스크 사회에서는 노력과 성과 간의 상관관계가 붕괴되고 있다고 말했다. 그러나 실제로 이 상관관계는 전 사회적으로 균일하게 붕괴되는 것이 아니라, 일부 계층에서는 아직도 원활하게 기능하는 반면 어느 한 계층에서는 집중적으로 붕괴되고 있다. 즉, 리스크 사회에서 리스크는 모든 사회구성원들에게 공평하게 분배되는 것이 아니라 계층별로 차이가 있는 것이다. 그리고 이 사회가 노력과 성과가 비례하지 않는 리스크 사회이기 때문에 '노력해봤자 소용없다'는 결론을 내는 사람들이 가장 많은 리스크를 떠안는 계층이다.

역설적이게도 리스크 사회에서 생존 경쟁에 유리한 위치를 차지하는 사람들은 이 사회가 노력에 반드시 보상이 따르지 않는 리스크 사회라는 기본적인 사실을 거스르고 의연하게 노력하는 사람들이다. 노력과 성과의 상관관계를 더 이상 믿지 않는 리스크 사회에서 그래도 여전히 노력과 성과의 상관관계를 믿을 수 있는 사람들이 사회적 자원을 획득할 가능성이 더 높다. 반대로 미래의 전망이 어둡고 노력이 수포로 돌아갈 가능성이 높은 리스크 사회의 실상을 현실적으로 바라보는 사람들이 오히려 선택적으로 사회의 빈곤층으로 내려가게 된다. 정말로 이상하게 들리겠지만, 리스크 사회란 지금 여기가 리스크 사회라고 인정하는 사람들만이 리스크를 고스란히 떠안게 되고, 마치 리스크 사회가 아니라는 듯이 행동하는 사람들은 묘하게도 리스크를 방지할 수 있는 사회인 것이다.

이것은 현재 일본에서 일어나고 있는 다양한 사회 모순을 이해하는데 매우 중요한 발상의 전환이다. 보통은 산업구조와 고용 형태의 변화에서 파생하는 부정적인 영향을 모든 사회구성원들이 공평하게 받게 될 거라고 생각한다. 그러나 실제로는 공평하게 돌아가지 않는다. 리스크 사회에서는 리스크를 적게 떠안는 계층과 많이 떠안는 계층이라는 양극화가 발생한다. 그리고 리스크를 적게 안는 사회 계층에 속한 사람들은 당연히 매일 매일 실천을 통해 '노력은 보상받는다'는 사실을 확인하고, 그렇게 함으로써 더욱 더 노력할 동기가 강화된다. 하지만 리스크를 많이 떠안는 사회 계층에 속한 사람들은 '노력은 보상받지 못한다'는 사실을 뼈저리게 느끼며, 점점 더 노력할 동기를 잃는다. 나는 이러한 피드백이 아주 짧은 시간에 일본 사회를 계층화한 원인이라고 생각한다.

## 리스크 헤지란?
———                            출신이 어떻든 최선을 다해 노력하는 사람에게는 사회적 상승의 기회가 있다. 노력한 사람은 계층 상승을 이룩하고 노력하지 않은 사람은 빈곤층으로 전락한다는 것이 능력주의 사고방식이다. 이것만 놓고 보면 아주 공정한 제도임에 틀림없다. 그러나 여기에는 조건이 있다.

개인의 능력이나 업적, 즉 메리트를 기준으로 사회적 선발이 이루어지고 또한 동시에 출신 계층과 같은 귀속 요인의 영향을 받지 않고 사회적 평등을 낳는 구조를 능력주의meritocracy라고 한다면, 업적의 구성요소인 능력과 노력 역시 출신 계층과 기타 귀속 요인에 상관없이 분포하고 있다는 것을 전제로 해야 한다. _ 카리야 타케히코, 『계층화 일본과 교육 위기』

능력주의가 공정하기 위해서는 '노력하고자 하는 동기'가 만인에게 평등하게 부여되어야 한다. 사회구성원 전원에게 노력할 동기가 평등하게 주어지고, 그 결과로 차이가 발생했다면, '결과의 불평등'은 공정하다. 그러나 현실에서 보면 능력주의에서 사회적 상승을 도모하기 위한 방편인 '노력하고자 하는 동기'에는 분명히 출신 계층에 따른 차이가 존재한다.

일본의 교육을 대상으로 한 담론은 노력주의를 강조했으며, '누구나가 학교에서 학업 성취를 위해 노력하는 (노력하도록 만드는) 구조'가 작동해왔다는 이미지를 만들어냈다. 그러나 이제 우리들은 그러한 노력주의, 더 정확하게 말해서 노력평등주의가 하나의 이데올로기에 지나지 않는다고 지적할 수 있다. 교육의 성과에서 '결과의 불평등'은 능력의 차이 때문에만 발생하는 것이 아니다. 출신 계층의 영향을 받는 노력(동기)의 불평등도 결과의 불평등에 기여하고 있다. …… 이 이데올로기의 교묘함은 많은 사람들의 노력을 계속 부추기면서, 동시에 계층에 따라 영향을 받는 그 노력을 매개로 하여 교육 성과에서 계층차를 만들어왔고, 나아가 그러한 계층의 영향을 노력의 동기가 평등하게 존재한다(누구나 노력하면 된다)는 환상으로 은폐해왔다는 데 있다. _앞의 책

노력하도록 동기부여를 하는 데 계층의 차이가 있다고 한다면, 경쟁

이 시작되기도 전에 이미 일부 사람들은 유리한 위치를 선점한 셈이 된다. 그렇다면 이것은 공정한 경쟁이 아니라 이미 이기고 있는 사람이 계속해서 이기는 것을 정당화하는 시스템이 되어버린다. '누구나 노력하면 같은 성과를 거둘 수 있다'는 것이 능력주의의 전제이다. 그리고 노력할 것인가 말 것인가는 개개인이 주체적으로 결정할 문제이며 그에 따른 결과 또한 개개인이 책임을 져야 한다. '결과로서의 불평등'에 대해서는 누구도 이의를 제기해서는 안 된다.

능력주의는 자기결정·자기책임의 원칙을 성원에게 들이댄다. 우리가 어떤 사회적 지위에 있고, 어떤 권력과 권위, 재화와 정보와 문화자본을 향유하고 있는지는 모두 자기가 결정한 개인적인 행위의 귀결이며, 그렇기 때문에 우리는 그 결과를 숙연하게 받아들여야 한다고 지금 우리들에게 고하고 있는 것이다.

자기 일은 자기가 결정한다. 이것이 자기결정의 원칙이다. 그리고 자기가 선택한 것에 따른 결과는 자기가 책임진다. 이것이 자기책임의 원칙이다. 리스크의 개인화가 진행된다는 말은 동전의 양면으로서 자기결정과 자기책임의 원칙도 함께 침투한다는 뜻이다. 자기가 내린 결정에 의해 리스크를 초래했으므로, 그 리스크는 누구의 도움도 기대하지 말고 스스로 처리할 것을 요구한다. 실업자나 프리터*가 되는 것은 개인 능력의 문제다. 이혼을 했다면, 이혼할 만한 상대와 결혼을 했기 때문이다. …… 리스크를 피할

---

* 프리터: free-arbeiter의 줄임말. 정식으로 취업하지 않고 아르바이트로 생계를 꾸리는 사람. _역주

수 없는 시대가 되면서, 동시에 리스크를 방지하고 또 발생한 리스크를 개인이 스스로 해결해야 하는 시대가 되었다. _야마다 마사히로, 『희망격차사회』

　　이것이 리스크 사회의 자기결정과 자기책임에 관련한 대강의 이야기다. 하지만 간단히 읽고 넘어가기엔 석연치 않은 구석이 있다. '리스크'란 무엇인가에 대해서는 설명을 했지만, '리스크를 헤지한다'와 '리스크에 대처한다'라는 말이 도대체 무엇을 뜻하는지 중요한 핵심이 거기에는 빠져 있기 때문이다. '리스크'를 목적어로 해서 자주 쓰이는 영어 동사가 두 개 있다. 바로 'take'와 'hedge'이다. '위험을 떠안다<sup>take a risk</sup>'라는 말은 전망이 확실하지 않은 계획에 뛰어든다는 말로, 이 말 자체가 결코 나쁜 의미는 아니다. 그 보상으로 주체는 의사결정권을 확보하고 동시에 그 계획이 성공할 경우에 발생하는 이익에 대해서도 권리가 있음을 주장할 수 있다. 한편 '위험을 낮추다<sup>hedge risks</sup>'라는 말은 자금을 분산하여 손실을 줄인다는 의미이다. 홀짝 내기에서 홀수와 짝수 양쪽에 다 돈을 걸면 돈을 몽땅 잃는 일은 없다. 이것이 리스크 헤지다.

　　"그러면 돈을 못 버는 것 아니냐?"며 따질 사람이 있을지도 모르겠다. 바로 그렇다. 돈을 벌지는 못한다. 하지만 리스크 헤지의 요체는 이익을 올리는 것이 아니라 손실을 막는 데 있다. 리스크 사회에서 가장 현명한 처신은 가급적 교묘하게 리스크를 헤지하는 것이다. 그러나 리스크 헤지를 어떻게 하는지, 어떠한 자질이 필요한지에 대해서는 무슨 이유 때문인지 우리 사회는 거의 언급하지 않는다. 가정에서도 학교에서도 리스크 헤지의 중요성을 아이들에게 가르쳐주는 부모와 교사를 나는 보지 못했다. 대중매체도 역시 리스크 헤지의 중요성은 다루지 않는다.

외교 관계를 예로 들어보자. 미국과 동맹관계라고 해서 있는 돈을 몽땅 미국에 걸어버리면 리스크가 높아지기 때문에 중국과 러시아와도 우호 관계를 유지하는 편이 좋다고 생각하는 것이 리스크 헤지의 기본 사고방식이다. '리스크를 헤지한다'는 것은 국제 관계와 같은 환경에서는 '이해관계자의 수를 늘리는' 것이다. 바꿔 말하면, 정책을 결정할 때 '눈치를 살펴야 할 사람'의 수를 늘리는 것이다. 그만큼 작업량이 늘어나서 귀찮기는 하지만 외교에서 치명적인 실책을 범하거나 국제사회에서 고립되는 리스크는 피할 수 있다.

리스크 헤지는 귀찮은 일이다. 홀짝 양쪽에 다 돈을 걸어야 하기 때문에 눈에 보이는 식으로는 이익이 올라가지 않는다. 최상의 성과가 고작 '파산은 면한 것'이 되기 때문이다. 그러므로 인간의 모든 활동을 계산적으로 따지는 경향이 있는 사람들은 '리스크 헤지'와는 도저히 친해질 수 없다. 그도 그럴 것이 '파산은 면한' 상태를 유지하기 위해서 사업을 시작하는 사람은 없기 때문이다.

이것은 경제활동의 목표로는 결코 적합하지 않다. 사업에서 '현상 유지'라는 옵션은 없다. 성장하거나 몰락하거나 둘 중 하나이다. '현상 유지'를 선택하는 것은 자본주의 시장경제에서는 거의가 자동적으로 '몰락'을 의미한다.

## 똑같이 손해 보는
## 조정술

—— 만사를 계산적으로 생각하면 좋은가 하면 꼭 그렇지도 않다. 생사가 걸린 리스크(국제관계론에서는 이것을 '위험danger'이라 부르기도 한다)의 경우에는 위기를 넘기는 것만으로도 충분히 성공한 것이다. 어찌 되었든 살아남았다는 것을 축복으로 여길 정도의 위기 국면은 얼마든지 많다. 이러한 위기를 넘기 위해서는 '현상을 유지하는' 기술을 알고 있어야 한다. 언제나 '홀이냐 짝이냐' 양자택일의 승부를 하는 사람은 이러한 기술이 있다는 사실조차 모른다. 적어도 현대 일본에서는 가정과 학교, 대중매체에서 리스크 헤지에 대해 아무것도 알려주지 않는다.

리스크 헤지에는 여러 가지 방법이 있다. 옳고 그름의 판단을 확실히 하지 않고 결정을 보류하는 방법도 그 중의 하나이다. 몇 가지 결정을 동시에 내리는 방법도 있다. 아무도 이익을 얻지 않는 해법을 선택하는 방법도 있다. 이를 일상적인 용어로 바꿔 말하면, '계속심의繼續審議'와 '양론병기兩論竝記', '삼방일량손三方一兩損'이라고 표현할 수 있다. 이 세 가지 방법이 대표적인 리스크 헤지 기법이다.

'삼방일량손'은 누구나 다 아는 유명한 얘기다. 어느날 미장이가 세 냥이 든 돈주머니를 주웠다. 미장이는 주머니 안에 같이 들어 있던 도장을 보고 주인이 누구인지 알아내고는 주인인 목수에게 돈을 주려고 찾아갔다. 그런데 목수는 그 돈은 이제 자기 것이 아니라며 도로 가지고 가라고 했다. 이 말을 듣고 미장이도 "돈이 탐나서 돌려주러 온 게 아니오"라며 뜻을 굽히지 않았다. 이 다툼을 해결하기 위해 오오카에 치젠이라는 뛰어난 재판관이 두 사람을 불러들였다. 그런 다음 재판관은 자기 품에서 한 냥을 꺼내어 세 냥에 보태어, 두 사람에게 각각 두 냥씩 나누어주었다. 두 사람 다 세 냥 들어올 것이 두 냥으로 줄었기 때문에 한 냥씩 손해다. 재판관도 한 냥을 내주어서 한 냥이 손해다. 이렇게 세 사람이 한 냥씩 손해 보는 삼방일량손으로 골치 아픈 중재가 끝이 났다는 얘기다.

이와 비슷한 조정 기법이 에도시대까지는 활용되었던 모양이다. 키와타케 모쿠아미*가 지은 가부키 〈세 명의 키치사, 유곽에서의 첫 거래〉에 '경신탑'** 이야기가 있다. 이 이야기에는 키치사라는 이름이 같은 세 사람이 등장한다. 여장을 한 도적 키치사가 창기를 죽이고 돈 백 냥을 빼앗는다. 이 장면을 목격한 애송이 악당 키치사가 "그 돈을 나한테 순순히 건네라"며 으름장을 놓는다. 두 사람이 칼을 빼들고 서로 돈을 차지하려고 싸움을 벌이는데, 이들보다 더 노회한 악당인 화상 키치사가 등장한다. 그리고 두 사람을 향해 "내게 맡기고 칼을 물려주시게"라며 말을 꺼낸다. 두 사람이 일단 싸움을 멈추고 칼을 거두자 회상은 이렇게 말한다.

"두 사람은 백 냥을 내놓게. 내놓지 않겠다고 옥신각신하다 소중한 생명을 버릴 셈인가. 이번만큼은 내가 중재를 설 테니 싫어도 내 말을

---

* 카와타게 모쿠아미(1816~1893): 에도시대 말기에서 명치시대에 걸쳐서 활약한 가부키 극작가._역주
** 경신탑: 중국 전래의 도교에서 유래한 경신 신앙에 기초하여 세운 석탑. 탑을 건립할 때 제사를 지내 경신공양탑이라고도 부른다._역주

들어보게. 서로 다투는 백 냥을 둘로 나누어 낭자도 오십 냥, 도령도 오십 냥씩 싸움을 만류한 내게 주지 않을 텐가? 그 대신에 내가 양팔을 내놓으면 오십 냥치고는 값이 더 나가는 거지만, 칼을 빼어 그대로 칼집에 꽂는 건 사내의 수치니 내가 양보함세. 양팔을 베어 백 냥어치를 맞춰주게나."

이 말을 듣고 두 사람은 화상의 팔을 칼로 베고 이어서 자기들의 팔도 베어 세 사람의 팔에서 흐르는 피를 모아 나눠 마시고 의형제가 되었다는 얘기다.

나는 이 이야기를 청년 시절 카와시마 타케요시 선생의 『일본인의 법의식』에서 읽었는데, 일본인의 조정술이 고도의 정치기술을 요한다는 것을 알고 감탄했던 기억이 있다. 이 이상한 조정술에 대해 카와시마 선생은 이렇게 설명한다.

이 분쟁의 해결 방법은 화상 키치사가 말하듯이, 다툼을 '원만하게 수습'하는 것을 목적으로 한다. 즉, 조정의 성격을 띤 중재는 분쟁 당사자 중 어느 쪽이 옳은지를 밝히는 것 ─ 현대 법에 의한 재판은 이를 목적으로 하지만 ─ 을 목적으로 하지 않고, 화상 키치사가 말하듯 '원만하게 수습하는' 것, 곧 분쟁 당사자 사이를 사이좋은 관계로 만드는 것을 목적으로 하고 있다. _카와시마 타케요시, 『일본인의 법 의식』

카와시마 선생은 이 분쟁 조정이 성공한 이유로, 중재인인 화상 키치사가 세 사람 중에서 상대적으로 '높은 사회적 지위'(악당들 사이에서 격이 높은 위치)에 있었기 때문이라고 보았다. 그러나 나는 이뿐만 아니라, 화상 키치사가 제시한 조정안의 정교한 논리성에도 공의 일부가 돌아가야 한다고 생각한다. 그 이유는 당사자든 중재자든 아무도 이익을 얻는 사람이 없는 해결법을 제시했기 때문이다. 이 해결은 얼핏 보면 아무리 좋게 봐도 '옳은 해법'은 아니다. 굳이 말한다면, '누구에게나 공평하게 득이 되지 않는 해법'이다. 그러나 실제로 조직에서 오랫동안 일해본 사람이라면 경험으로 이해하겠지만, 조직 안에서 눈에 띄게 이익을 얻는 사람이 없는 해법이 오히려 조직을 와해시키지 않을 수 있는 해법이 될 수 있다.

그런데 '누구에게나 균등하게 옳지 않은 해법'으로 합의를 이루는 편이, 당사자 쌍방이 "죽어도 내가 옳다"며 서로 주장함으로써 아예 합의를 이루지 못하는 편보다 낫다고 보는 사회적 합의가 오늘날 일본 사회에서 급속도로 사라지는 것 같다. 앞에서 언급했지만, '리스크 사회가 도래했다'고 알려주면서 정작 이런 리스크 사회에서 살아남는 법을 알려주는 사람은 없다. 대신 항상 옳은 해법을 선택하는 것이 최선이라고 생각하는 사람들이 계속 늘고 있다.

대부분의 사람들은 언제나 옳은 해법을 선택하는 것이 가장 좋은 방법이라 생각하고 또 그것을 당연하게 여긴다. 하지만 당연하다고 반드시 진리는 아니다. 언제나 옳은 해법을 선택하는 것이 최선의 방법이라고 생각하지 않는 편이 더 나을 수 있고, 이런 상황은 실제로도 있기 때문이다. 우리가 살고 있는 세계에서 날카로운 의견 대립이 있는 대부분의 경우가 이런 상황이다. '언제나 옳은 해법을 선택한다'는 조건이 붙었을 때, 무엇이 '옳은 해법'인지를 정하기 위해서는 엄청난 비용이 들어간다. 자칫 잘못하면 '옳은 해법'을 선택하기 위해 들인 노력과 시간의 총량이 '옳은 해법'을 선택하여 실행함으로써 얻는 이익보다 크지 않을 수도 있다. 백만 원이 있는데 이 돈을 유익하게 쓰기 위해 토론에 토론을 거듭하는 동안 토론자들의 밥값으로 백만 원을 다 써버렸다는 우스갯소리가 있다. 이와 비슷한 일을 우리 사회에서도 자주 목격한다. '옳은 해법'을 정하기 위해 들이는 비용이 '옳음'을 실현함으로써 얻는 이익을 넘어설 경우, 옳은 해법의 선택에 고착되는 것은 옳지 않다는 역설이 성립한다.

리스크 헤지는 옳은 해법을 확정하는 데 드는 비용을 가능한 줄이는 일이라고 바꿔 말할 수 있다. 확실히 옳지 않은 해법에 건 돈은 '날리는 돈'이 된다. 하지만 옳은 해법을 찾기 위해 들여야 하는 비용이 이 손실금을 넘는다면 홀짝 양쪽에 돈을 거는 방법은 적어도 본전치기는 된다. 실제로 홀짝 내기에서 홀짝 양쪽에 다 돈을 걸어서 이익을 보는 일은 일어날 수 없다. 하지만 홀짝 내기는 현실 세계에서는 흔히 있는 일이 아니다. 현실이 홀짝 내기와 같다면 굳이 도박장에 출입할 사람은 없을 것이다.

그러나 현대의 일본인은 이 역설을 이해할 수 없게 되었다. 어째서 이러한 일이 일어났을까? 그 이유를 나는 일본 사람이 비즈니스 용어로 만사를 재단하게 되었기 때문이라고 생각한다. '올바른 해법을 계속해서 선택'한다는 것은 시장에서는 최선의 행위이다. 당연하다. 시장은 생명까지 끊겠다고는 말하지 않기 때문이다. 빈털터리가 되어도 육체만 튼튼하면 어떻게든 밥을 먹고 산다는 낙관이 밑바닥에 깔려 있기 때문에 '올바른 해법을 계속해서 선택한다'는 식의 터무니없는 야심을 가질 수 있는 것이다.

'틀려도 좋다'고 생각하는 사람만이 '무조건 옳아야 한다'는 유형의 주장을 한다. 만약 '틀리면 죽는다'는 조건이 붙는다면 사람은 '정답을 맞히기 위해 어떻게 할 것인가'가 아니라, '틀리지 않기 위해 어떻게 할 것인가'를 먼저 생각할 것이다.

## '틀려도 좋다'는 어리석은 믿음

일본인이 리스크 헤지라는 기술을 잊어버리고 오로지 옳은 해법만을 선택해야 한다는 터무니없는 말을 하는 것은 '틀려도 좋다'는 근거 없는 낙관이 전 국민의 머릿속에 깊숙이 박혀 있기 때문이다. 오늘날 일본인은 그 정도로 무방비하고 허술하다. 그 이유는 어렵지 않게 댈 수 있다. 전후 60년간 전쟁을 해보지 않았기 때문이다.

'치명적인 리스크'에 직면한다는 것이 어떤 것인지를 대부분의 일본인은 잊어버렸다. 물론 무척이나 다행한 일이다. 몇십 년간 전란이 계속되어 온 국민이 맹금류와 같은 날카로운 눈빛으로 전략을 구사하고, 아무렇지 않게 동맹국을 배신한 탓에 언제 복수를 당할지 모르는 공포에 떨기보다는 오랜 평화를 누린 대가로 모두가 어딘가 나사 빠진 얼굴을 하고 있는 편이 훨씬 낫다고 나는 믿는다. 긴장이 풀렸다면 적절한 방법으로 교정할 수 있지만 죽은 사람은 되살릴 수 없기 때문이다.

그렇다 해도 리스크 헤지는 변함없이 외교 분야에서 중요한 위치를 차지하고 있다. 나라와 나라의 이익이 충돌하는 외교에서는 불확실한 요소가 너무나 많기 때문에 '옳은 정책만을 선택하는' 일은 아무리 현명하고 통찰력이 뛰어난 위정자라도 불가능하다. 미국에 대한 이슬람 원리주의자들의 테러가 언제 어떻게 일어날지, 중국 정부의 지도체제가 어떤 계기로 파탄을 맞을지, 러시아 민족주의가 언제 통제 불가능하게 될지, 이 모든 것이 외교 정책을 입안할 때 고려해야 할 중요한 요소들이다. 하지만 어떤 전문가도 이 사안들이 언제, 어떤 조건으로 현실화할지 정확히 예언하지는 못한다. 이렇게 굵직한 요소들이 불확실하기 때문에 '옳은 정책'의 '옳음'은 개연성을 띨 수밖에 없다.

선택한 정책이 옳은지 그른지 미리 말할 수 없는 이상, 정책이 옳은 경우든 틀린 경우든 완전히 낭패보는 경우는 없도록 미리 손을 써두어야 하는 것이 치국의 기본이다. 무슨 일이 있어도 나라를 보존하고, 실효성 있는 법치를 행하고, 통화를 안정시키기 위해 유용한 모든 방법을 강구한다. 이 정책들 중의 몇 가지는 나중에 가서 쓸모없는 것으로 판명이 날지도 모르지만 그것은 나중이 되어 보지 않으면 모르는 일이다. 모르는 이상 쓸 수 있는 수는 다 써봐야 한다. A계획이 틀렸으면 B계획, C계획을 준비하고, 설사 계속해서 실책을 범한다 해도 그것이 치명상이 되지 않도록 해놓아야 한다. 치국이란 본래 이런 것이다. 그러므로 리스크 헤지를 마음에 두는 사람은 자기가 기안한 'A계획'이 반드시 잘될 거라고 소리 높여 외치기보다는 A계획이 잘 안 될 경우들을 총망라하여 목록으로 작성하고 그에 따른 대비책을 준비해놓는 일을 우선적으로 고려해야 한다.

그런데 이런 방향으로 머리를 쓰는 사람은 오늘날 일본에는 거의 존재하지 않는다. 정치가뿐만 아니라 대중매체에 등장하는 지식인 대부분은 "내가 옳다"고 주장하는 일에 매우 열심이다. 하지만 그들의 논리와 명제가 깨지는 경우의 수에 대비하는 일에는 거의 지력을 투자하지 않는다. 지성을 사용하는 방법이 틀린 것이다. 하지만 이 잘못된 방법을 총리부터 초등학생들까지 학습하고 실천하는 데 급급하다.

리스크 사회에서 어떻게 살아남을 것인가, 이것이 국민들에게 부여된 중요한 과제라고 정부는 선언하고 있음에도 리스크 사회에서 살아남아야 하는 사람들에게 위정자와 교육행정 책임자, 대중매체 지식인들은 '리스크를 제거하라'고만 가르치지, 어떻게 '리스크를 방어할지'에 대해서는 아무런 말이 없다. 나는 지금까지 중앙교육심의회의 답신이나 교육학자의 제언 중에 '아이들에게 어떻게 리스크 헤지 방법을교육할 것인가'를 다룬 내용을 본 적이 없다. 리스크 사회가 도래했다고 경종을 울리면서 아무도 '리스크를 헤지하는 법'을 국민들에게 알려주지 않는다는 게 이상하지 않은가?

## 사회가 강요하는
## 죽음의 방식

———                                   우리들은 지금 리스크 사회에서 살아가고 있다. 실업을 당해도, 노숙자가 되어도, 병이 들어도 모든 것이 이러

한 리스크가 있는 삶을 선택한 자신의 책임이라는 말은 리스크란 개인적인 것임을 전제로 한다. 그러나 이는 논리적으로 맞지 않다. 왜냐하면 리스크 헤지는 자기 혼자서는 할 수 없는 것이기 때문이다. 생각해 보라. 자기기결정을 하는 사람은 리스크 헤지가 불가능하다.

"A와 B 중 선택하시오"라고 했을 때, "A와 B 둘 다 선택하겠소"라고 대답하는 것은 허락되지 않는다. 선택하는 주체가 개인인 이상 리스크는 방어할 수 없다. 원리적으로 불가능한 일이다. 예를 들어 어떤 나라에서 극우파에 속하는 군인이 쿠데타를 일으켰다고 하자. 그런데 그 와중에 극좌파 게릴라가 권력을 쥘 가능성도 있어서 사태는 유동적이다. 이 경우 한 개인이 극우와 극좌의 정치 활동을 동시에 할 수는 없다. 할 수 있는 일은 오로지 "나는 극우파에 들어갈 테니 당신은 게릴라 쪽으로 들어가시오. 그래서 누가 정권을 잡든지 서로를 구해주기로 합시다"라며 약속하는 일뿐이다. 리스크 헤지를 하기 위해서는 적어도 두 사람이 필요하다. A를 선택한 사람과 B를 선택한 사람이 있고, 어느 쪽이든 이익과 손실을 균등하게 나누자는 약속이 성립한 경우에만 리스크 헤지가 가능하다.

아사다 테츠야의 『마작 방랑기』에 주인공 테츠가 도사켄과 함께 긴자의 한 클럽에서 형제인 척 행세하며 마작을 하는 장면이 나온다. 두 사람 다 돈은 한 푼도 없다. 둘은 두 테이블로 나뉘어서 먼저 이긴 사람이 진 사람에게 돈을 돌려주기로 약속하고 게임을 했다. 첫판에 테츠는 마이너스, 도사켄은 선두를 달리고 있었다. 도사켄은 화장실에서 테츠에게 이렇게 말한다.

"지금 점수가 나고 있어. 내가 어떻게 해서든 이길 테니까, 끝나면 돈을 돌려줄게. 그리고 똑똑히 잘 들어. 네가 먼저 끝나면 우린 둘 다 개털이 되어버리는 거야. 무슨 수를 쓰더라도 판을 오래 끌어야 해."

이것이 바로 리스크 헤지의 기본이다. 그런데 그 후 게임에 이겨서 몇 장의 지폐를 손에 쥔 도사켄은 "나 먼저 집에 갈게. 졸려서 말이지…" 하고는 테츠를 홀로 남겨두고 떠나버린다. 이렇게 하여 주인공 테츠는 도박의 비정함을 배워간다는 얘기다. 두 사람이 다른 테이블에서 도박을 해서 이긴 사람이 진 사람을 돕겠다는 약속이 잘 지켜진다면 리스크 헤지가 되는 것이지만, '이익과 손실을 균등하게 나눈다'는 약속을 한 쪽이 파기하고 '리스크란 개인적인 것'이라고 말해버리면 패자는 리스크를 고스란히 떠안아야만 한다.

흔히 뇌물을 받고 체포된 사람이 부동산을 배우자 명의로 바꿔놓는 수법으로 '재산 은닉'을 해서 적발되곤 한다. 물론 칭찬할 일은 아니지만, 자신을 결코 배신하지 않을 파트너가 있는 사람만이 할 수 있는 일이란 점은 인정해줘야 할 것이다. 중국인은 자식들을 일본이나 미국, 호주 등지로 뿔뿔이 유학을 보내 그곳에서 사업을 하게 한다. 어느 한쪽이 전쟁이나 공황으로 재산을 잃거나 인종박해로 추방을 당해도 다른 나라에 있는 친족이 지원하거나 받아줄 수 있도록 안전망을 쳐놓는다. 이것은 역사적 경험 속에서 갈고닦은 리스크 헤지의 기법이다.

유대인도 마찬가지다. 로스차일드 재벌의 창시자 마이야 로스차일드는 다섯 명의 아들에게 유럽 네 도시에 은행을 열게 했다. 장남은 창업지인 프랑크푸르트 본점에 남겨두고, 둘째는 빈, 셋째는 런던, 넷째는 나폴리, 다섯째는 파리에 지점을 열게 했다. 그로부터 2백 년이 흐르는 동안 본점과 나폴리 지점은 폐업하고, 빈 지점은 나치가 오스트리아를 합병할 때 망했다. 하지만 런던 지점과 파리 지점은 살아남아서 일족의 이름을 현재까지 전하고 있다. 나폴레옹 전쟁과 두 차례에 걸친 유럽 대전에서도 살아남았기에 이것이야말로 리스크 헤지의 교과서 같은 사례라고 할 수 있다.

이러한 사례들에서 알 수 있듯이, 리스크 헤지는 '살아남기'를 목표로 집단이 합의한 계획에 따라서 행동하는 사람들만이 누릴 수 있는 혜택이다. 그러므로 '개인이 리스크 헤지를 하고, 발생한 리스크에 개인이 대처해야 하는 시대가 되었다'는 말은 논리적으로 맞지 않다. 개인이 리스크 헤지를 한다는 것은 원리상 불가능하기 때문이다.

리스크 사회에서 살아남을 수 있는 이들은 '살아남는 것을 집단의 목표로 내걸고 상부상조하는 집단에 속한 사람들'뿐이다. 그렇기 때문에 '리스크 사회를 살아간다'는 의미는 항간에서 이야기하듯 '자기가 결정하고 그 결과도 혼자서 책임진다'는 원리로 사는 게 결코 아니다. 자기가 결정하고 결과도 자신이 책임지라는 말은 리스크 사회가 약자에게 강요하는 삶의 방식(또는 죽음의 방식)이다.

## 가난함의 지혜
———
나는 "리스크 사회를 어떻게 살 것인가"라는 질문은 "자신의 결정 여부에 상관없이 결과에 따른 책임을 공유할 수 있는 상부상조 집단을 어떻게 구축할 것인가"로 바꿔 물어야 한다고 생각한다. 현재 효과적으로 리스크 헤지를 하고 있는 사람들은 모두 상부상조하는 집단에 속해 있다. 잘 알다시피 사회의 상층부는 여당 정치가들과 재계인, 고급 관료들이 차지하고 있다. 고이즈미 전 수상은 삼대째 중의원이고, 아베 수상도 삼대째 중의원으로 친족 중 두 사람이 수상을 역임했다. 그들이 사회적 강자임에 반론을 제기할 사람은 아마 없을 것이다. 또한 그들이 진학과 취업, 배우자 선택에서 누구의 의사도 개의치 않고 혼자만의 결정과 그 성과로 오늘날의 지위에 올랐다고 믿는 사람 역시 없을 것이다.

'금테를 두르고 태어난 사람'이란 태어날 때부터 이미 무수한 후원자들로 이루어진 네트워크에 속해 있는 사람을 말한다. 그들의 이익은 주로 자기결정을 포기한 대가로 받은 것들이며, 그들이 속한 '강자 연합'이 그에게 기대하는 역할을 수행하는 한 그가 무릅쓰는 리스크는 집단 전체가 방어해준다. 이러한 상부상조 조직에 몸담고 있는 사람들이 지금 일본의 강자 집단을 형성하고 있다.

그 반대의 극에는 사회적 약자가 있다. 약자는 극단적으로 말하면 상부상조 조직에 속할 수 없는 사람이다. 획득한 이익을 공유할 동료가 없고 어려울 때 지원해줄 사람이 없는 사람, 이런 사람이 리스크 사회에서 약자가 된다. 노숙자 중에는 얼마 전까지 상장기업의 사원이었던 사람도 있다. 평범한 회사원이 단번에 길거리 생활자로 전락한 이유는 안전망이 기능하지 않았기 때문이다. 설사 회사가 도산했다거나 해고당했다 해도 친족공동체나 친구들의 상호부조 네트워크 또는 지연 공동체가 가능했더라면 살 곳이나 당장의 일자리는 확보할 수 있었을 것이다. 집안의 가장이 실직해도 식구들이 각자 할 일을 찾아 살림에 보태면 하루아침에 노숙생활을 하는 일은 없을 것이다.

나루세 미키오의 영화 〈뜬구름〉은 1946년 패전 직후 전쟁의 상흔이 남아 있는 도쿄를 무대로 한 이야기다. 지금 봐도 놀라운 점은 귀국선을 타고 고국으로 돌아온 주인공 코다 유키코(다카미네 히데코 분)가 당연한 권리인 듯이 먼 일가친척의 주인 없는 빈집에 들어가 목도리와 이불을 들고 나온 일이다. 마찬가지로 귀환자였던 토미오카 키네요시도 직장을 그만두고 설상가상 사업에도 실패하는데, 친구들이 일자리를 알선해주리라 믿고서 실업 중에도 그다지 불안해하지 않는다. 가진 것 하나 없는 두 사람은 그날그날 여기저기 신세를 지고 살면서도 노숙자가 될 기미는 보이지 않는다. 두 사람의 모습을 보고 있으면 사회적인 인프라가 거의 갖추어져 있지 않았던 전후 일본사회의 안전망이 오늘날보다 오히려 더 잘 작동하고 있다는 데 놀란다. 아마도 이것이 '가난함의 지혜'가 아닐까?

메이지 시대 이후 근대화 과정에서 일본인은 서로 신세를 지는 방법으로 리스크 헤지를 해왔다. 정부도 약자를 구제하기 위해 손을 내밀 여유가 없었고 '파이프라인 시스템'의 확실성을 누릴 수 있었던 사람도 일부 교육 엘리트들뿐이었다. 그렇다면 없는 사람들끼리 상부상조하는 수밖에 없다. 우리의 지적 습관은 혈연 공동체나 지연 공동체 같은 중간 공동체를 '근대적 자아'의 수립을 가로막는 전근대적 유물로 부정적으로 바라본다. 하지만 나는 사회 전체가 가난했던 시대에 가난한 사람이 굶지 않고 살아가기 위해서는 친족 중 누군가가 입신출세해서 나머지 친족을 돌봐야 했고, 이 지점에서 상부상조 – 이는 동시에 서로 속박하고 간섭하는 일이기도 하다 – 공동체는 서로 신세를 지는 시스템으로 나름대로 유효하게 기능했다고 평가한다.

전에도 책에 썼던 이야기지만, 내 아버지는 대가족의 넷째로 태어났다. 맏이인 큰형이 가독을 이어받았다. 가난한 집이었기에 가독이라 해도 재산보다는 오히려 가장으로서의 의무만 물려받았다. 아버지는 전후 중국에서 돌아와서는 그 길로 삿포로에 있는 큰형 집에 가서 돈을 좀 챙겨가지고 다시 도쿄로 나왔다. 그 정도의 신세는 아마도 당시로서는 당연한 일이었다.

내가 가장 놀란 일은 나가사키에서 원자폭탄에 피폭 당한 둘째 동생을 찾기 위해 큰아버지가 삿포로에서 나가사키까지 갔다왔다는 이야기를 들었을 때였다. 큰아버지는 폐허가 된 곳을 헤매면서 사람들에게 물어물어 마침내 미야자키의 한 병원에 수용되어 있는 동생을 찾아서는 등에 업고서 삿포로로 돌아왔다. 전쟁이 끝난 그해 여름 미야자키에서 삿포로까지 병자를 업고 온 것이다. 큰아버지는 말수가 적고 무뚝뚝해서 특별히 형제애가 흘러넘치는 사람처럼 보이지 않았다.

어렸을 때 설날이 되면 형제들이 큰집에 모였는데, 모두들 큰아버지를 어려워하고 절절 맸다. 그 때문인지 나는 어려서 큰아버지가 아주 봉건적인 분이라고 생각했는데, 나중에 동생들이 자신에게 폐를 끼쳐도 묵묵히 받아들였다는 사실을 알고 감동받았다. 아마도 메이지 시대에 태어났던 아버지 형제들 세대에서는 이 정도로 서로 신세를 지는 일쯤은 당연한 일로 받아들여졌던 것 같다.

## 구조적 약자를
## 양산하는 사회

—— 지금 이런 가족제도를 다시 부활시키자는 것은 아니다. 리스크 헤지가 무엇인지를 나의 아버지 세대까지는 경험으로 숙지하고 있었다는 사실을 말하고 싶었을 뿐이다. 우리들은 아마도 '자기결정·자기책임'으로 리스크 사회를 홀로 헤쳐 나갈 수 있다고 믿을 만큼 풍족하고 안전한 사회에서 살고 있다. 이런 사회에서 살아가는 것은 행복한 일이다. 하지만 그렇다고 해서 상부상조·상호지원 시스템이 작동하지 않아도 앞으로 계속 괜찮을지는 잘 모르겠다.

이런 종류의 신세지기는 친족과 친구들이 아니라 정부가 떠맡아야 한다고 대중매체의 지식인들은 소리 높여 주장한다. 예를 들어 페미니스트들은 부모를 보살피고 아이를 키우는 일이 여성의 사회 진출을 방해했다고 끊임없이 주장해왔다. 이러한 돌봄일을 여성이 도맡아서 수행했기 때문에 사회적으로 신분상승의 기회가 주어지지 않았던 것은 사실이다.

사회적 약자를 구호하는 일을 정부가 맡아서 해야 한다는 말은 합리적인 주장이다. 하지만 '도움을 주고받는 관계가 작동하고 있다면 리스크 헤지가 이루어지고 있는 것'이라는 사고방식은 이 주장에서는 보이지 않는다. 내가 말하고 싶은 요지는 상부상조·상호지원이란 것이 쉽게 말해 '도움을 서로 주고받는 일'이기 때문에 폐를 끼치는 타인과의 관계를 원리적으로 배제해서는 안 된다는 것이다.

현대 일본인은 남에게 폐를 끼치는 일에 좀 지나칠 정도로 민감한 것 같다. '도움을 주고받는' 쌍무 관계가 아니면 상호지원·상부상조 네트워크는 작용하지 않는다. "아무에게도 신세를 지고 싶지 않으니 내버려 두세요"라는 말은 젊은이들의 상투어다. 그 사람은 정말로 아무에게도 신세를 지고 있지 않을 것이다. 하지만 속내는 타인에게 폐를 끼치고 싶지 않기 때문이 아니라 타인이 자신에게 폐를 끼칠까봐 두려운 것이다. 자기결정에 대해 타인이 관여하는 것이 귀찮고 번거로워서 "당신이 어떻게 살든 관여하지 않겠다"라고 먼저 선언하는 것이다. 이렇게 함으로써 사람들은 되돌아올 길 없는 사회적 하강의 길을 걷기 시작한다.

자기결정·자기책임이라는 삶의 방식을 관철할 수 있는 사람은 강자밖에 없다. 하지만 리스크 사회에서 강자들을 살펴보면 다들 상부상조·상호지원 네트워크에 속해 있으며, 그 덕분에 리스크 헤지가 가능한 사람들이다. 그러므로 논리적으로 말하면, 리스크 사회에서 자기결정·자기책임을 관철할 수 있는 강자는 존재하지 않는다. 리스크를 떠안는 존재는 자기결정·자기책임의 원리에 충실한 약자들뿐이다. 그리고 일본의 교육행정도 대중매체도 도움을 주고받을 상대를 가질 수 없는 방대한 수의 구조적 약자들을 계속해서 만들어내고 있다.

## 자기결정의 함정에
## 빠진 약자들

———           자기결정·자기책임은 벌거벗은 개인으로 고립무원인 사회에 맞서는 것이다. 리스크를 백 퍼센트 안는 대

신 획득한 이익 역시 누구하고도 공유하지 않고 모두 독점하겠다고 선언하는 주체가 '늠름하면서 유연한 개인'으로 칭찬받는 구조이다.

이처럼 '고립된 인간'을 자기형성의 역할 모델인 '자립한 인간'으로 내세우는 것이 1980년대 중반 무렵 페미니즘과 포스트모더니즘의 지원을 받으면서 일본 사회에서 차츰 합의를 넓혀갔다. '자립'과 '고립'은 실제로 아주 동떨어져 있는 개념이지만 이 사실을 지적하는 사람은 거의 없었다.

고립된 사람에게 모든 타인은 그의 자유와 자기실현을 방해하는 자들이다. 완전한 자유를 누리는 것이 '고립된 사람'의 목표이기 때문에 타인이 존재한다는 사실 자체가 이미 주체의 자유를 제약하는 일이 된다. 고립된 주체는 타인이 차지하고 있는 공간을 자신이 이동할 수 있는 구역으로 간주할 수 없다. 이동할 수 있는 구역에 제약이 있다는 말은 주체의 자유가 손상된다는 말이므로 '고립한 주체'에게 이론적으로 최고의 상태는 세상에 그 외에는 누구도 없는 상태이다. 그곳에 있는 사람이 적이라면 주체의 자유를 방해하는 자가 될 것이고, 친구라면 지원과 연대의 의무가 발생하고, 노예라도 부양과 관리 따위의 번잡한 일을 동반할 것이다. 다시 말해 백 퍼센트의 자기결정·자기실현이라는 있을 수 없는 것을 요구하는 인간은 논리의 필연으로서 자기 외에 누군가가 존재한다는 것 자체가 자기실현을 방해하는 요소가 된다는 불쾌함을 감수해야 한다.

자립한 사람은 이런 것이 아니다. 자립은 속인적인 성격이 아니기 때문이다. "나는 자립했어"라고 어깨에 힘줘봤자 이것만으로는 자립한 사람이 될 수 없다. 그 사람의 판단과 언행이 적절하다는 것이 경험적으로 확증되어 주변 사람들이 계속해서 조언과 지원과 연대를 부탁해 올 경우 비로소 그 사람을 자립한 사람이라고 불러줄 수 있을 뿐이다. 다시 말해 자립인이란 자칭할 수 있는 게 아니라 남이 불러줄 수 있는 호칭이다. 주변 사람들이 "저 이는 자립한 사람"이라고 승인을 해주어야 한다. 자립은 집단적인 경험을 통해 사후에나 획득되는 외부평가이다. 그렇기 때문에 자립한 사람은 적이든 친구든 보호해야 할 사람이든 많은 타인들에게 둘러싸여 있다. 그 네트워크 속에서 끊임없이 자기 자신을 조형하고, 해체하고, 재설정해서 격을 높여가는 사람이 바로 자립한 사람이다.

그러나 실제로 1980년대 이후 일본사회는 '고립된 사람'을 '자립한 사람'으로 부르고 있다. 인간의 고립화는 다양한 병적 형태를 취한다. '공부로부터의 도피'도 초기 증상의 하나이다. 고립된 아이가 혼자서 학교라는 시스템과 정면으로 맞서고 있다. 자기 가치관을 학교 시스템에 대등한 것으로 대치시킨다. "이것을 왜 배워야 하나요?"라는 질문을 들이댄다. 스스로 배울 가치가 있다고 인정하지 못하면 아이는 배움을 거부한다. 이것이 자기결정이다. 배우지 않음으로써 초래되는 리스크를 당당하게 받아들인다. 사칙연산을 못하고, 알파벳을 모르고, 한자를 못 읽는다. 흥미 있는 영역에 대한 사소한 지식은 있을지라도 흥미가 없는 분야는 아예 모른다. 벌레가 파먹은 듯 의미의 구멍이 숭숭 뚫린 세상이 별로 불쾌하지 않다는 듯 살고 있다. 이렇게 아이들은 계층 하강의 리스크를 순순히 받아들인다.

# 공부하지 않아도
# 자신만만한 아이들

—— 이 이데올로기 교육의 무서운 점은,
이렇게 계층 하강이 자기결정에 대한 자기책임으로 여겨지는 이상 아
이들이 여기서 나름의 만족감과 높은 자기평가를 끌어내면서 계층 하
강이 더욱 빨라진다는 것이다.

카리야 선생의 『계층화 일본과 교육 위기』에서 '계층 하강에서 성취
감을 느끼는 아이들이 출현한' 현상을 지적한 부분이 가장 중요하다
고 생각한다. 선생은 1997년에 고등학생을 대상으로 '내게 다른 사람
보다 뛰어난 점이 있는가'를 묻는 질문을 축으로 학생들이 어떻게 자기
평가를 하는지 조사했다. 1979년에도 같은 조사가 있어서 그 결과를
비교해보니 약 20년 동안 학생들의 자기평가가 어떻게 변했는지를 알
수 있었다. 그 결과 몇 가지 중요한 사실이 발견되었다.

첫째로, 부모의 학력과 아이들의 자기평가와의 관계다. 1979년 시점
에는 부모의 학력이 높을수록 자신에게 뛰어난 점이 있다고 긍정적인
답변을 한 학생의 비율(특히 '매우 그렇다'고 대답한 학생의 비율)이 높았
는데, 1997년의 결과를 보면 부모의 학력에 따른 차가 줄어들고 있다.
부모의 학력과 아이들의 자기평가와의 상관관계가 20년 동안에 '사라
졌다'고 카리야 선생은 말한다. 이것이 과연 무슨 의미일까?

둘째로, 학습시간과 자기평가와의 관련이다. 1979년에는 "자기 능
력이 높다고 생각하는 학생일수록 통계적으로(5퍼센트 수준) 학교 외의
장소에서도 공부하는 시간이 길었다는 것을 알 수 있었다"라고 보고

한다. 자신감이 있는 학생일수록 공부를 더 했다. 또는 공부를 하고 있다는 사실이 자신감을 보강하는 구조였다. 그런데 이것이 1997년부터는 달라진다. 자기 능력에 관한 자신감과 학습시간의 관련성이 사라진 것이다. 자신감이 있다는 것과 공부 시간 간의 관계가 사라진 것은 다시 말해 공부를 전혀 하지 않아도 자신만만하다는, 지금까지는 볼 수 없었던 새로운 유형의 학생들이 출현했다는 말이다.

카리야 선생은 이런 자신만족들이 무엇을 근거로 자기를 높게 평가하는지를 조사했다. 그 결과는 매우 놀라웠다. 학생들은 단순히 '학교에서 좋은 성적을 받는 것과 인간의 가치는 관계없다'고 대답하는 데 머물지 않고 더 나아가 '학교에서 나쁜 성적을 받는 것이 오히려 인간의 가치를 높인다'고 하는 반학교적인 사고에 동의하기 시작했다는 것을 보여주고 있었다.

"상대적으로 출신 계층이 낮은 학생들이 '미래를 생각하기보다 지금을 즐기고 싶다'고 생각할수록 자신에게 다른 사람보다 뛰어난 점이 있다는 자신감이 강하게 나타난다"고 카리야 선생은 지적한다.

'자기존중'은 교육에서 다루기 어려운 개념이다. 자신에 대해 좋은 감정 갖기는 미국에서 오랫동안 주창해온 교육 이념의 하나다. 아이들의 자신감을 높이는 일은 교육상 바람직한 일이라고 생각했다. 하지만 여기서 잊지 말아야 할 게 있다. 아이들이 자신감을 갖는 경우는 그들이 속하는 사회집단에서 지배적인 가치관에 동조될 때다. 예를 들어 미술이나 음악에 대한 감각이 뛰어난 아이가 있다고 하자. 그 아이가 예술성에 높은 평가를 주는 사회집단에 속해 있다면 자신감을 가질 수 있지만, 운동이나 사업 감각에 높은 평가를 주는 사회집단에 속해 있다면 자신감을 갖기 어렵다. 다시 말해 그가 속한 사회집단의 가치관과 행동준칙에 맞추지 못하면 자신감을 갖기 어렵다. 그리고 미국처럼 소수민족 그룹이나 사회 계층에 따라 집단별로 가치관과 행동 준칙에 확연한 차이가 있는 사회에서 자신감을 갖고 싶어 하는 아이들은 자기가 속한 집단의 이데올로기에 지나치게 순응할 가능성이 높다.

이와 같은 현상은 일본에서도 일어나고 있다. 계층화란 단순히 사회 계층간의 권력과 재화, 정보의 분배 차이에 그치지 않고 사회계층별 가치관과 행동규범의 차이이기도 하다. 예를 들어 일본에서도 사회 상층부는 문화자본(소위 교양)에 차별화 기능이 있다고 믿기 때문에 아이들은 자진해서 문화자본을 갖추려고 한다. 반대로 사회 하층부는 문화자본에 차별화 기능이 없다고 생각하기 쉬워 아이들은 오히려 적극적으로 문화자본을 거부하는 행동을 통해 같은 집단의 어른들로부터 긍정적인 평가를 받으려 한다.

계층이 폐쇄적이면 내부 평가를 통해서만 자신을 높일 수 있기 때문에 아이들은 소속 계층의 이데올로기를 한층 더 농축시켜 체현한다. 이렇게 하여 짧은 시간에 계층은 급속도로 더욱 폐쇄적으로 변한다.

## 학력저하는
## 노력의 결과다
―――        일본의 어떤 사회집단에서는 이미 '학교에서 좋은 성적을 받는 것은 인간의 가치와 관계없다'라는 학교 신화

에 대한 거부에서 한 걸음 더 나아가 '학교에서 나쁜 성적을 받는 것은 인간의 가치를 높인다'는 반학교 신화로 전환하는 움직임이 일어나고 있다.

이러한 전환은 단기간에 일어나는 '계층 이데올로기 농축'의 효과라고 볼 수 있다. 한편에서는 계층간 이데올로기의 차가 돌이킬 수 없는 상태로 정착하고 있고, 마치 아무 일도 일어나지 않은 것처럼 여전히 아이들의 장점을 평가하고 개성을 중시하는 교육을 통해 아이들이 성취감을 느낄 수 있도록 하는 작업이 결과적으로는 계층화를 더 진행시키고 계층간 격차를 고착화하는 건 아닐까, 카리야 선생은 바로 이 점을 걱정한다.

'개인=자기 존중'을 원칙으로 하는 개인주의, 그리고 이와 관련해서 '자신에게 좋은 감정 갖기'를 중시하는 교육은 '계급에 뿌리를 둔 사회의 본질'과 모순된다. 그 현실을 무시하고 순진하게 자기 칭찬을 계속하는 일은 계급화된 사회구조의 규칙성에 개인을 일상적으로 따르게 하는 이데올로기의 작용을 돕는 것과 같다. _카리야 타케히코, 『계층화 일본과 교육 위기』

우리 시대에는 순진하게 자기 칭찬을 계속하는 젊은이들이 많이 있다. 자기다운 삶을 찾아서 사회의 상식을 거스르고 당당히 '자기다움'을 실현하고 있다고 주장하는 그들의 말투, 복장 그리고 가치관이 정형화되어 있는 것에 우리들은 깜짝깜짝 놀란다. 이러한 현상이야말로 '개인으로 하여금 계급화된 사회구조의 규칙성에 일상적으로 따르게 하는 이데올로기의 작용'이 압도적인 영향력을 발휘하고 있다는 반증일 것이다.

오늘날 학교교육이 표방하고 있는 '개성을 중시하는 교육'과 '진취적이면서 유연한 개인을 양성하는 교육'은 젊은이들 사이에 널리 퍼져 있는 이데올로기에 저항할 수 있는 논리를 갖고 있지 않다. 중앙교육심의회가 제시한 '자기를 찾는 여행을 돕는 일'로서의 교육은 결과적으로 이 이데올로기를 정형화하는 일을 더 가속시키고 보완하는 기능을 한다.

카리야 선생이 지적한 것은 다음과 같은 위기 상황이다.

비교적 출신 계층이 낮은 학생들은 학교에서의 성공을 부정하고, 미래보다 현재에 집중함으로써 자신감을 높이고 자기를 긍정하는 기술을 익힌다. 낮은 계층의 학생들은 학교의 성과주의 가치관에서 이탈함으로써 자신에게 좋은 감정을 갖게 된다. _앞의 책

오늘날의 교육 문제는 단순히 아이들의 학력이 떨어지는 데 있지 않다. 근본 문제는 이것이 아이들이 나태해서 초래된 결과가 아니라 노력의 결과라는 사실이다. 학력저하가 아이들의 나태와 주의산만의 결과라면 그 보정은 교육기술 차원의 문제에 지나지 않지만, 현실에서 상당수의 아이들이 학습을 포기하고 공부로부터 도피하는 데서 자신감과 성취감을 얻는다면, 그리고 그 수가 계속 늘어난다면, 이 문제는 교육기술이나 방법을 바꾸는 식의 기술적 차원으로는 해결하기 힘들다.

사회 전체에 대한 근본적인 성찰 없이는 이 문제를 해결할 길이 보이지 않는다.

# 3. 노동으로부터 도피하기

'파랑새'를 찾는 일이 나쁜 것은 아니지만, 모두가
파랑새를 찾으러 떠난다면 골목의 눈은 누가 치우겠는가?
'파랑새 찾기' 같은 낭만적이고 혁신적인 삶도 인간사회에
필요하지만, 눈에 띄지 않지만 누군가가 하지 않으면 안 되는
'눈 치우기' 같은 일도 사회를 유지하기 위해서는 꼭 필요하다

## 자기결정을 권장하는 사회

'공부로부터의 도피'에 대한 분석은 지금까지 설명으로 어느 정도 이해가 됐을 것이라 생각한다. 다음은 이와 동일한 지각변동의 결과로 나타난 현상인 '노동으로부터의 도피'에 대해 고찰해보기로 한다.

내가 알고 지내는 회사 경영자한테서 들은 얘기다. 아르바이트생 수십 명을 고용하고 있었는데, 그 중에 아주 우수한 젊은이가 있어서 정사원이 되라고 권유했다가 보기 좋게 거절당했다고 한다. 아르바이트라면 언제든지 그만둘 수 있지만 정사원이 되면 그만두는 게 쉽지 않다는 것이 그 이유였다.

또 다른 사례 역시 알고 지내는 젊은 회사원에 대한 얘기다. 평소 그의 일솜씨를 높이 평가한 상사가 새 프로젝트의 책임자가 되어보라고 하자 그는 그 길로 회사를 그만두었다. 책임 있는 자리에 앉으면 자유롭지 않다는 것이 이유였다. 직장을 빠지고서 음악회에 가지도 못하고 여행을 가고 싶을 때도 마음대로 가지 못하기 때문이란다. 그는 이런 자유가 출세보다 더 중요하다고 말했다.

이런 경향이 나타나기 시작한 것은 대략 십여 년 전부터다. 거품경제일 때와 지금을 비교하면 고용 상황은 달라졌지만 사람들의 기본 심리는 별로 변하지 않았다. 이것은 '자기 일은 자기가 결정한다'는 자기결정권에 대한 고착이다. 자기가 결정한 것이라면, 그 결정이 결과적으로 자신에게 불이익을 초래할지라도 상관없다. 일종의 '자기결정 페티시즘'이다. 그 전형적인 예가 의료 현장에서 볼 수 있는 환자 고지

(informed comsent)이다. 의사가 몇 가지 치료법을 환자에게 알려주고 환자가 동의한 치료법으로 시술하는 것을 말한다.

나는 어째서 이런 방식이 권장되고 있는지 그 의미를 잘 몰랐다. 전문가인 의사가 "당신의 증상에는 이 치료법이 가장 좋습니다!" 하고 시원하게 판단해주면 얼마나 좋은가. 환자는 어쨌거나 아파서 죽을 지경인데 이런 상황에서 현명하게 치료법을 선택하라니 참으로 난감하고 곤혹스러운 노릇이다.

그런데 환자 고지를 처음 시작한 미국의 경우는 사정이 다르다는 사실을 미국에서 자란 친구가 알려주었다. 한번은 오토바이 사고로 어깨뼈가 부러져 병원에 가니까 병원에서 치료법을 몇 가지 알려주었다. 그래서 병원에 있는 도서관에 처박혀서 다양한 문헌을 독파한 끝에 가장 좋을 법한 치료법을 찾아냈고, 의사에게 그 치료법을 말하고 수술을 받았다. "그렇게 열심히 책을 읽은 적은 없었을 거야"라며 그는 밝은 표정으로 말했다. 나는 감탄했다. 그 친구의 경우는 치료법을 자기가 결정했다는 데서 오는 자존감이 분명하게 심신의 고양을 가져왔다. 그렇기 때문에 친구가 설령 가장 좋은 치료법을 선택하지 못했다 해도 결정을 내린 것은 자기 자신이라는 자존감이 부족분을 보충하고도 남았다는 것이다.

항상 옳은 선택지를 택할 수 있기 때문에 자기결정을 권장하는 것이 아니다. "나는 내 운명의 지배자"라는 자존감이 가져다주는 심신의 고양이 잘못된 선택지가 초래하는 심신의 손상을 보상하는 한 자기결정은 유용하다. 그렇기 때문에 '자기결정은 언제 어떠한 경우라도 좋은 것'이라는 믿음이 사회 전체에 뿌리내리고 있는 사회에서는 자기결정이 많은 이익을 가져다줄 가능성이 높다. 하지만 그런 믿음이 없는 사회에서는 결코 그렇지 않다. 어떤 의미에서는 아주 단순한 얘기다.

## 자율이 강제되는 부조리
―

자기결정 그 자체는 분명히 '좋은 일'이다. 이런 가치관이 사회 일각에서 지배적인 이데올로기로 정착되고 있는 것 또한 사실이다. 그런데 일본인들은 철저하게 집단 지향적이기 때문에 '자기결정을 하는 것 자체가 좋은 일'이라는 생각을 '모두가' 공유하자고 소리 높여 요구하고 있다. 아무리 생각해도 여기에는 분명 모순이 있다.

'자기결정'은 "다른 사람이 뭐라 해도 나는 내가 결정한 대로 하겠다"는 것인데, 지금 일본에서 말하고 있는 자기결정론은 "다른 사람이 뭐라 해도 나는 내가 결정한 대로 하겠다는 것을 '모두의 규칙'으로 삼자"는 것이다. 이상하지 않은가? "나는 누구의 동의도 구하지 않고 내가 좋아하는 일을 하겠다"고 선언한 사람이 "이 점에 대해 부디 여러분들의 동의를 구하고 싶어요"라고 말하다니, 정말 이상하다.

일본인이 말하는 자기결정론은 '자기결정은 좋은 일'이라는 것에 대한 사회적 합의가 정부 주도로 형성되고 있고, 이것에 동의하지 않는 의견은 묵살되고 있다는 점에서 분명히 도착적이다. 무슨 말이냐 하면, 정부 주도의 여론 형성에 이의를 제기하는 사람이 오히려 자립한 사람이며, 자기결정을 지향하는 사람이라고 말할 수 있지만 아무도 이런 식으로 생각하지 않는다는 것이다. 내가 '자기결정 페티시즘'이라고 말한 것은 이처럼 '자기결정을 하는 것'이 국가 정책으로 권장되고 이데올로기로 아이들에게 타율적으로 주입되는 사태를 의미한다.

"모두가 자기결정을 하는 시대이니 너도 다른 사람과 마찬가지로 자기결정을 하라"고 명령하는 것 자체가 논리적으로 맞지 않다는 것을 보통의 지성을 지닌 사람이라면 알아챌 텐데 아이들은 (어리기 때문에) 깨닫지 못한다. 선택을 강제하면서 선택한 것에 대해 스스로 책임질 것을 강요한다는 것은 아무리 생각해도 부조리하다. 하지만 아이들은 특별히 부조리하다고 생각하지 않는 것 같다. 왜냐하면 그런 부조리를 받아들이는 친구들이 주변에 많이 있기 때문이다. 부조리가 현실에 있고, 일정 정도 이상의 사람들이 받아들이고 있으면 그것은 더 이상 부조리로 보이지 않는다. '세상은 다 그런 것'이라고 생각하게 된다. 나는 일본형 니트는 이런 맥락에서 태어난 사회집단이라고 생각한다.

## 일본형 니트족

___

일본형 니트(NEET, Not in Education Employment or Training)는 이러한 '자기결정'을 하는 젊은이들이 보이고 있는 하나의 병리현상으로 고찰해야 한다. 일설에 의하면, 85만 명이 니트족이라고 한다. 프리터의 경우와는 달리 집에 틀어박혀 있는 젊은이들은 통계적으로 정확한 수치를 내기 어렵기 때문에 85만이라는 숫자도 어디까지 믿어야 할지 모르겠다. 프리터의 경우에는 컴퓨터도 가능하고 영어를 구사할 수 있는 고학력자도 있지만, 니트족의 경우는 초등교육 단계에서 공부로부터 도피하여 기초 학력조차 갖추지 못한 사람도 많이 포함되어 있으리라 추측된다. 그들은 사회활동에 거의 참여하지 않기 때문에 그 실태가 제대로 드러나지 않고 있다.

잘 알다시피 니트는 영국에서 처음으로 문제화된 사회현상이다. 하지만 일본의 니트 문제는 영국의 경우와는 많이 다르다. 영국은 전형적인 계급사회여서, 하층계급 사람들은 취학 기회나 취업훈련 기회에서 불이익을 받고 있다. 학습 의욕은 있지만 사회적으로 상승할 기회를 박탈당하고 있는 젊은이들도 있다. 프랑스도 마찬가지다. 이민을 대량으로 받아들인 사회에서 이민자의 아이들은 교육 기회와 문화자본에서 구조적으로 멀어질 수밖에 없다. 파리 근교에는 HLM(저가 임대주택)이라는 거대한 주택단지가 있다. 그곳에는 이민자를 비롯한 빈곤층 주민들이 지리적으로 격리되어 살고 있다. 예전에 이런 교외지역에서 중학교 교사를 하던 프랑스 여성에게 들었는데, 이런 거대 단지에는 도서관이나 미술관, 책방, 극장, 콘서트홀 같은 문화시설이 하나도 없다고 한다. 그래서 아이들은 문화를 접할 기회가 없다고. 설령 예술적 재능이 있다 해도 자신에게 재능이 있다는 사실을 알아차릴 기회조차 없는 셈이다. 축구선수가 되거나, 가수나 배우, 작가가 되거나 교육 투자가 필요한 직업을 통해 사회적으로 신분이 상승할 기회는 극히 제한된다.

유럽의 니트는 계층화의 한 증상이다. 사회적 상승 욕구가 있어도 기회가 주어지지 않는다. 하지만 일본의 니트는 유럽과 사뭇 다르다. 사회적 상승의 기회가 열려 있는데도 아이들이 스스로 그 기회를 포기하고 있다는 데 문제가 있다.

일본에서는 사회적 약자가 자진해서 차별적인 사회구조를 강화하는 데 가담하는 방법으로 계층화가 진행되고 있다. 다시 말해 약자가 자신의 사회적 입장을 더욱 취약하게 만들기 위해 적극적으로 활동하고 있다는 것이다. 이런 점에서 볼 때 세계에서도 예외에 속하는 사례라고 생각한다. 자신의 의사로 지식과 기술 익히기를 거부하고 계층 하강하는 아이들이 출현했다는 사실은 아마도 세계 역사상 유례가 없는 일일 것이다.

헌법 제26조에서는 "모든 국민은 법률이 정하는 바에 의해 그 능력에 따라 평등하게 교육받을 권리가 있다"고 규정하고 있다. 부모는 교육을 시킬 '의무'가 있으며, 아이들은 '교육받을 권리'가 있다. 그렇다면 아이들은 시민으로서의 권리를 자진해서 포기하고 있는 셈이 된다. '배가 고프면 밥을 먹어야 한다'거나 '불 속에 손을 넣어서는 안 된다' 같은 법률이 존재하지 않는 이유는 시시콜콜하게 법률로 정하지 않아도 누구나 다 아는 것이기 때문이다. 헌법에 '교육받을 의무'를 규정하지 않은 이유도 이와 마찬가지다. 교육을 받는 것은 당연한 권리이고, 아이들에게 자기실현을 위한 최대의 기회가 되기 때문이다. 그래서 보통교육은 거의 무상이어야 하고, 보호자에게는 법적인 의무가 되고, 아이들에게는 보장받아야 하는 권리가 되는 것이다.

어떻게 해서 아이들이 교육받을 권리를 보장받을 수 있게 되었는가? 유럽에서는 근대까지 빈곤층의 부모들이 어린 자식들을 노동력으로 부려먹는 것을 당연시했다. 어린아이에게 가해지는 가혹한 노동에 마음이 아팠던 사람들이 아이들을 부모로부터 지키고자 인도적인 입장에서 의무교육을 법으로 정했다. 공교육의 이념은 유럽의 시민혁명기에 제창되었지만, 일찍이 제도적으로 정비한 나라는 미국이었다. 지금으로부터 100년 전인 1900년 당시 미국 고등학교 (14세~17세) 취학률은 8.4퍼센트였다. 같은 시기 유럽에서 중등학교 취학률은 3.8퍼센트 미만이었다. 그보다 반세기 전 1840년에 초등학교 취학률은 미국 전국 평균이 38.4퍼센트였다. 단, 이 경우 '취학자'는 단 하루라도 학교에 갔던 사람까지 포함하고 있고, 당시 미국의 보통학교 개강일은 연간 40일 정도였다 (카리야 타케히코, 『교육의 세기』, 홍문당, 2004년).

근대의 초등교육 기관은 부모에 의한 사적 수탈과 지배로부터 아이들을 지키는 '피난소'라는 공적 기능도 함께 수행했다. 그렇기 때문에 근대적인 공교육 사상을 기초로 한 일본 헌법에서는 교육받을 권리를 정한 제26조 다음에 '아동을 혹사해서는 안 된다'고 규정한 제27조가 따라온다. 헌법에 이러한 규정이 있는 것은 산업혁명 이후 근대 산업사회가 취학 기회를 갖지 못한 아동을 '저가노동'으로 혹사시켰던 역사적 사실을 근거로 하고 있다. 마르크스는 『자본론』 제1부에서 19세기 중반 영국의 아동 노동 실태에 대한 조사보고서를 인용하면서 이렇게 말하고 있다.

1868년 아동노동조사위원회 최종보고서는 이렇게 쓰고 있다. '불행히도 증언 전체에서 남녀 아동을 누구보다 먼저 부모로부터 지킬 필요가 있음이 분명하게 드러났다.' 아동노동 특히 가내노동을 무제한으로 착취하는 시스템은 어리고 약한 아이들에게 부모가 자제심과 절도도 없이 마음껏 가차 없는 권력을 행사함으로써 유지되고 있다. _카를 마르크스, 『자본론』 제 1권

당시 영국에서는 아이들이 네 살 때부터 일하기 시작해 여섯 살에 이미 어른만큼 또는 더 많은 시간을 일했다. 의무교육이 어떤 맥락에서 나온 정치적 권리인가는 이러한 사실에서 알 수 있다. 바로 그 '교육 받을 권리'를 수익자인 당사자들이 자진해서 포기하고 있는 것이다.

이것은 교육을 받는 것이 '특권'이 아니라 '고역'으로 느끼게 되었다는 것을 뜻한다. 반복해서 얘기하지만, 지금 아이들에게 교육을 받는 것이 '권리'인지 '의무'인지를 묻는다면 아마 90퍼센트의 아이들이 '의무'라고 답할 것이다. 이 대답에는 교육은 아이들이 원하는 것이 아니라 사회가 강제하는 것이라는 전제가 깔려 있다. 이러한 전제에서 출발하기 때문에 그 의무를 위반하는 것을 일종의 '정치적 이의제기'로 보는 시각도 성립한다.

아프리카와 아시아에는 내전과 기아로 고통을 겪는 최빈국들이 있다. 이런 가난한 나라에서도 전쟁이 그치면 먼저 학교를 세우고 아이들을 푸른 하늘 아래에서 공부할 수 있게 한다. 그렇게 열악한 환경에서도 환하게 웃는 얼굴로 공부하는 아이들의 영상을 우리는 자주 접한다. '배움'이란 본시 아이들이 먼저 나서서 '침해할 수 없는 권리'로 요구해야 하는 것이다. 그런데 어째서 이것을 고역으로 여기게 되었을까? 배움으로부터의 도피가 어째서 일종의 성취감이나 자기만족을 가져오고, 이런 도착적인 감수성이 왜 1990년대 이후의 일본 사회에서

형성되고 있을까? 이 물음에 대한 내 나름의 대답은 다음과 같다.

교육의 '권리'를 '의무'로 바꿔서 읽는 도착 행위가 일어난 이유는 경제적 합리성이 사회 구석구석까지 침투했기 때문이다. 아이들이 성숙의 최초 단계에서 자신을 '소비주체'로 내세우게 된 일은 역사상 처음 있는 일이다. 단순히 생활이 풍족해졌다거나 물질적 욕망이 커졌기 때문이 아니라 그보다 훨씬 이전의 문제로, 아이들이 '시간'과 '변화'에 대해 스스로를 가두듯이 어릴 적에 자기형성을 이미 완료해버렸기 때문이다.

## 파랑새 증후군

나는 니트의 심리적 특성이 '유아기에 자기형성을 이미 완료했다'는 데 있다고 본다. 학생들을 사회로 내보내는 대학 선생의 입장에서 볼 때 최근 현저하게 나타나는 경향은 취직해서 얼마 안 있다가 이직하는 이들이 많다는 것이다. 대학 3학년 여름방학 전부터 인턴으로 취직해서 일 년 이상 일했으면서 막상 입사해서는 아주 짧은 기간 안에 그만두는 학생이 전체의 30퍼센트에 이른다.

전직이 한때 유행했던 적이 있었다. 한 곳에 정착하지 않고 끊임없이 '자기를 찾는 여행'을 계속하는 '유목생활'이 인간의 삶으로서 '좋은 일'이고, 인성의 자연스러운 발로라는 언설이 꽤 힘을 얻었다. 아마도 여기에는 1980년대에 일세를 풍미했던 뉴아카데미즘의 영향도 있었다고 본다.

'파랑새'를 찾아서 젊은이들이 어딘가로 멀리 떠나는 일은 예로부터 흔히 있었다. 이 자체가 나쁘다는 말은 아니다. 오히려 '여행을 떠나는 사람'은 어떤 공동체에서도 필요하다. 하지만 소수의 사람들이 하고 있을 때는 본인이나 사회에 유용하지만, 이들이 일정한 수를 넘어 다수가 되어버리면 본인에게나 사회에게나 폐해로 작용하기 마련이다. 중요한 것은 안배이다. '파랑새'를 찾는 일이 나쁜 것은 아니지만, 모두가 '파랑새'를 찾으러 떠난다면 골목의 눈은 누가 치우겠는가? '파랑새 찾기' 같은 낭만적이고 혁신적인 삶도 인간사회에 필요하지만, 눈에 띄지 않지만 누군가가 하지 않으면 안 되는 '눈 치우기' 같은 일도 사회를 유지하기 위해서는 꼭 필요하다

'눈 치우는 일'은 아침 일찍 동네 사람 모르게 눈을 쓸어 길 한쪽으로 밀어놓는 일이다. 잠에서 깬 사람들이 그 길을 걷고 있을 때는 눈을 치운 사람은 이미 사라지고 없다. 그래서 누가 치웠는지 아무도 아는 사람이 없고 당연히 고맙다는 말을 들을 기회도 없지만 그 사람이 눈을 치우지 않았다면 길을 가다 미끄러져 다치는 사람이 생길지도 모른다. 이런 일을 묵묵히 하는 사람이 사회 곳곳에 있지 않으면 세상은 제대로 돌아가지 않는다.

'파랑새'를 찾으러 가는 사람들에게는 눈을 치우는 사람에 대한 감사의 마음이 없는 것 같다. 오히려 이처럼 주목받지 못하는 일에 대한 혐오와 모멸이 동기가 되어 여기가 아닌 다른 장소를 비틀거리며 배회한다. 젊은이들이 흔히 말하는 '창조적이고 보람 있는 일'이란 요컨대 당사자들에게 커다란 성취감과 만족감을 주는 일이다. 반면에 '눈 치우는 일'은 당사자에게 어떤 이익도 가져다주지 않는다. 대신 주변 사

람들에게 발생할 수 있는 불이익을 예방한다. 그래서 자기 이익을 기준으로 삼는 사람은 그 중요성을 헤아리지 못한다.

물론 여기서 "모든 사람이 눈 치우는 일을 하자"고 주장하려는 것은 아니다. 자신의 성공을 구하는 삶과 주변 사람들에게 조그만 선물을 하는 걸 소중하게 여기는 삶, 사회에는 두 가지 삶이 모두 필요하다. 양쪽 타입의 사람이 없으면 사회는 굴러가지 않는다. 그러므로 여기서 어느 한쪽을 선택하라고 말하려는 것은 아니다. 매스미디어는 일에서 자기 이익의 극대화를 추구하는 삶이 최고라는 말을 반복하지만, '주변 사람의 불이익을 사전에 막는' 눈에 띄지 않는 소박한 일도 인간이 함께 살아가는 데 없어서는 안 될 중요한 일이라는 사실은 전혀 알려주지 않는다. 우리는 그 위험성을 스스로 인지하고 주의해야 한다.

## 이직을 하는 진짜 이유

——— 이직을 반복하는 이유는 '더 나은 고용조건'을 찾기 위해서다. 그러나 실제로 이직을 되풀이하는 사람은 스스로는 경력 쌓기를 목표로 하고 있더라도 장기적으로 보면 계층 하강으로 가는 경우가 많다. 계층 하강은 어떤 의미에서 필연적인 일이다.

커리어 업career up 또는 커리어 패스career pass라는 그럴듯하고 멋진 말이 있다. 이는 곧 '출세의 사다리를 타고 올라가는 것'을 뜻하는데, 노골적으로 말하면, 하고 있는 일이나 살고 있는 세계, 만나고 있는 상대를 위로 끌어올리고 싶다는 다른 표현이다. "이런 일이나 하며 살 수는 없다"는 불만이 커리어 업의 원동력이 되기는 하겠지만, 이런 불만을 늘 품고서 일하는 사람이 주위 사람들에게 존경을 받거나 신뢰를 얻기는 어렵다. 당연하지 않은가? 직장동료를 보며 '이런 사람과 알고 지내다니 한심하군' 하고 생각하거나 지금 하는 일을 '이런 일은 하루 빨리 그만두고 싶어'라고 생각하면서 하고 있다면, 주위 사람들의 기대에 부응해 최대한 일을 잘 해야겠다는 동기도 희박해지고 직장에서 높은 평가를 받기도 어렵다. 또 높은 평가를 받지 못하기 때문에 더욱 그만두고 싶다는 생각을 하게 된다. 하지만 이런 사람이 다른 직장에서 더 나은 조건의 일을 제의받을 가능성은 거의 없다.

현재 이직을 되풀이하고 있는 사람들을 보면 대체로 이렇다. 일이 재미없으니까 직장에서 맺는 인간관계도 관심이 없고, 일의 질을 높이는 노력도 하지 않고, 그러다 보니 인사고과가 좋을 리 없어 귀찮은 잡무만 더 하게 되고, 그러다가 참다못해 직장을 옮긴다… 이런 식의 악순환에 빠진 사람들이 많다.

본인은 스스로 '더 창조적이고 보람 있는 일'을 찾아 이직했다고 말하겠지만 결과적으로는 경력의 하향으로 이어진다. '하는 일이 싫증나서 일을 바꾼 것'을 '성공 사례'로 본인이 평가하는 경우, 당연히 그 후에도 '일이 싫증나서 일을 바꿔야 하는 상태'에 이르게 되는 것이 바람직한 상황이 되기 때문이다. 그렇게 생각하지 않으면 자기 내부에서 모순이 생긴다. 그 결과 무의식중에 다음 직장에서도 주위 사람의 기분을 불쾌하게 만들거나 일의 질을 떨어뜨려 일하기 어려운 상태를 스스로 만들어낸다. 그리고 또다시 일을 그만두고는 '그만두기 잘했다'라고 스스로 정당화하며 그 '잘한 짓'을 되풀이하게 된다. 아무리 본인에게 그럴 마음이 없었다고 해도 무의식중에 그렇게 하게 되는 것이다.

물론 이직하는 것 자체는 좋은 일도 나쁜 일도 아닌 중립적인 것이다. 다만 이직해야 하는 상황을 모두 타인의 탓으로 돌리고, 직장을 옮기는 판단을 '올바른 결단'이라고 스스로 정당화하게 되면 그 후에도 직장을 옮길 수밖에 없는 상황을 스스로 만들어내게 된다.

자기가 저지른 실패의 책임을 경솔하게 타인에게 돌리거나 자기를 정당화해서는 안 된다. 적어도 이직하고 싶을 정도로 재미없는 일을 선택한 사람은 다른 누구도 아닌 자기 자신이다. 실패의 책임을 타인에게 돌리고 자신은 아무 잘못도 없고 자기가 결정한 일은 다 옳았다고 정당화해버리면 그 '옳은 행위'를 자꾸 반복할 수밖에 없게 된다. 이렇게 해서는 실패에서 벗어나지 못한다.

프로이트는 반복강박의 사례로 세 번 결혼해서 세 번 다 남편을 죽을 때까지 간병해야 했던 여성의 이야기를 들려준다. 이는 예외적으로 우연히 일어난 일이 아니라 첫 번째 결혼에서 남편이 죽자 "그래도 나는 행복했어"라는 식으로 자기정리를 한 탓에 그런 형태의 '행복'을 계속 추구하게 된 것이라고 본다. 이 여성은 아마 그 후에도 두 번 다 '병에 걸려서 곧 죽을 남자'를 선택하여 사랑에 빠졌을 것이다.

'파랑새'를 찾아 '여기와는 다른 장소'를 찾아 헤매면서 '지금 여기서 최선을 다할 것'을 거부하는 동안 도저히 운신할 수 없을 정도로 곤궁한 상황에 빠지게 된다.

니트도 이런 과정으로 형성되어왔다고 본다.

## 임금은 언제나
## 내 기대보다 낮다

―――                                        일에 대한 불만의 이유로 가장 흔히 드

는 것은 '급여가 낮다'는 것이다. 젊은 샐러리맨들에게서 "박봉에 혹사
당한다"는 절망적인 어조의 불평을 많이 듣는다. 생활을 위해 어쩔 수
없이 일하지만, 일에 대한 동기는 매우 낮다. 그런 젊은 직장인들이 상
당히 많다. 자기가 한 일이 저평가되고 있다는 불만도 충분히 이해가
된다. 가장 알기 쉬운 객관적 지표가 바로 '임금'이기 때문이다.

임금이 낮다는 말은 곧 일이 적절하게 평가받지 못하고 있다는 것을
의미한다. 하지만 여기에는 일본의 평가 시스템을 바라보는 상사와 부
하의 시각 차이도 관련이 있다. 일본의 인사고과 시스템은 유능하다
고 평가받은 부하에게 그 즉시 임금을 올려주는 형태가 아니라 '더 어
려운 일', '더 중요한 일'을 맡기는 식으로 우회해서 평가해왔다. 그러
나 지금의 젊은이들은 동료보다 더 어려운 일을 맡으면 자신의 능력에
대한 평가 과정이 아니라 부당한 처사로 받아들인다. 같은 임금이면서
더 많은 일을 시킨다고 싫어한다. 업무에 대한 평가가 서로 엇갈리는
것이다.

이처럼 엇갈리는 이유 중 하나는 젊은 직장인들이 '신속하면서 적절
한 평가'를 바라는데 반해 평가의 반응 속도는 늦다는 데 있다. 평가에
대한 조급증은 이직을 반복하는 사람들에게서 자주 발견된다. 조급한
경향은 앞에서 언급한 '유아기에 이미 완료한 자기형성'과 '눈 치우는
일에 대한 무관심'과도 통한다. 단적으로 말하면 '시간의 흐름 속에 있

는 나'를 상상할 수 없게 되었다는 징후다. '시간의 흐름 속에 있는 나'
를 상상할 수 없다는 것은 오로지 '무시간 모델'만으로 세상을 바라보
고 있다는 말이다.

앞에서 배움이란 시간적인 현상이므로 소비주체로서 자기를 형성한
아이들에게는 배움의 동기 자체가 없다는 이야기를 했다. 노동에 대해
서도 같은 말을 할 수 있다. 노동주체와 소비주체의 차이는, 노동주체
는 다른 사람으로부터 승인을 받을 때까지 스스로의 주체성을 확인할
수 없는 반면, 소비주체는 다른 사람으로부터 승인을 받기에 앞서 화
폐를 손에 쥔 시점에 이미 주체성을 확보했다는 점에 있다.

노동주체는 실제로 일을 해 부모와 주위 사람들이 그 일을 어떻게
평가해줄 것인가를 기다렸다가 그들의 긍정적인 평가를 받은 후에야
세상에서 유용한 존재라는 확증을 얻을 수 있다. 여기에는 '일의 순
서'가 있다. 어린아이들이 가사노동을 도와줌으로써 부모에게서 "아
주 듬직한 아이로구나"라는 평가를 받은 경우, 이 평가는 가정에서 노
동 분담 시스템과 가정 내 의사결정 기구 전체의 변화를 동반한다. "이
제부터 이 일을 맡겨도 괜찮겠다" 또는 "이 아이의 의견도 이제부터는
들어보기로 하자"는 식으로 가정에서 아이의 위치가 함께 올라간다.
노동주체가 다른 사람의 승인을 받으면 주체와 타인을 포함하는 네트
워크 전체가 변화하는 것이다. 그리고 노동이라는 입력에서 네트워크
의 재편이라는 출력까지 이 사이에는 일정한 시간이 필요하다.

이에 반해 소비주체의 경우, 화폐의 제시와 상품 교부가 동시에 이루
어진다. 화폐와 상품의 등가교환이 이루어진다고 해서 사는 사람과 파

는 사람을 포함하는 시스템이 변화하지는 않는다. 변화할 필요가 없고 변화해서도 안 된다. 모든 것이 '그 자리'에서 끝난다.

소비 행동은 본질적으로 무시간적인 행위이다. 이 말은 대단히 중요하므로 다시 한 번 강조한다. 우리는 대가의 제시와 상품 교부 사이에 시간차가 있는 것을 잘 참지 못한다. 돈을 지불했는데 상품을 받지 못하면 매우 불안해한다. 일반적인 소비행동에서 화폐와 상품의 교환은 동시에 이루어지는 것을 원칙으로 한다. 지불 즉시 인도가 등가교환의 원칙이다. 고도 소비사회에서는 이보다 한술 더 떠 돈을 지불하기도 전에 상품을 인도하는 시스템이 지배적인 형태로 떠오르고 있다.

슈퍼마켓에서는 쇼핑카트에 상품을 먼저 담고 나중에 돈을 지불한다. 상품은 이미 수중에 있다. 아직 대가를 치르지 않았지만 쇼핑카트 안에 있는 상품은 이미 점유권이 발생했기 때문에 다른 쇼핑객이 내 쇼핑카트 안의 물건에 손을 댈 수 없다. 또 계산대에서 "이 물건은 안 사겠어요" 하며 상품을 물릴 수도 있다. 또 구매를 했더라도 쿨링오프 cooling-off 제도가 있어 일정기간 안에 상품을 돌려주기만 하면 '없었던' 일이 된다. 이들 '소비주체'의 서비스는 모두 교환에서 시간이라는 요소를 배제함으로써 성립한다.

우리가 슈퍼마켓의 쇼핑카트 안에 상품을 담을 때 교환이 아직 이루어지지 않았음에도 마치 이미 이루어진 것 같은 가상을 제공한다. 또 구매한 상품이 마음에 들지 않아서 반품할 경우, 교환은 이미 이루어졌음에도 아직 이루어지지 않은 것 같은 가상을 제공한다. 두 경우 다 시간을 계산에 넣지 않는다. 교환은 결국 무시간적인 것이 된다.

소비활동의 기본은 등가교환이다. '등가'는 요컨대 '무시간'이다. 마르크스가 말했듯이 "화폐와 상품의 등가 개념은 오로지 공간 모델을 취하지 않으면 기술할 수 없기 때문"이다. 등가성이란 시간성을 무시했을 때 비로소 성립하는 개념이다.

교육을 소비행동의 도식으로 받아들이는 아이들이 '공부로부터 도피'하는 길로 나아가듯이, 노동을 소비행동의 도식으로 받아들이는 청년들이 '노동으로부터 도피'하는 길로 나아가는 것은 시간을 계산에 넣지 않기 때문이다. 그러므로 임금은 원리 상 항상 부당하게 낮게 인식된다. 임금은 아무리 봐도 등가교환이 아니다. 왜냐하면 회사와 고객에게 제공한 '고역'에 대해 '등가의 보수'가 '동시적'으로 주어지지 않기 때문이다.

## 오로지 인간만이
## 여분을 취한다

—— 그러니 '일을 한다'는 것은 소비 용어로 말하면 모든 노동자는 부당한 교환을 하고 있다는 말이 된다. 노동에의 가치에 비해 임금이 낮은 것은 원리상 당연한 일이기 때문이다. 임금이란 노동자가 창출한 노동가치에 비해 항상 적다. 당연하다. 그렇지 않다면 기업이 이윤을 낼 수가 없고, 주주에게 배당도 할 수 없으며 설비투자도 불가능하고, 연구개발도 할 수 없다. 경제활동에 들어가는 자금은 모두 노동자로부터 '수탈'한 노동가치에서 조달된다. 노동자가 자신이 창출한 노동가치보다 더 적은 임금을 받을 수밖에 없는 것이

경제의 기본 원리다. 여기서 발생한 잉여가 교환을 가속시키고, 그 결과 시장이 형성되고 분업이 이루어지며 계급과 국가가 생겨난다. 인간은 이런 방식으로 사회를 만들어왔다.

노동이란 본질적으로 과잉 획득이다. 다시 말해 인간은 항상 자기가 필요로 하는 것보다 더 많이 만들어낸다. 더 만들어낸 부분은 이른바 개인이 공동체에게 바치는 선물이다.

동물은 생존에 필요한 정도만 자연에서 취한다. 사자는 교환의 장에 내놓기 위해 자기가 먹을 양 이상의 가젤을 잡아서 저장하지 않는다. 교환을 위해 환경자원에서 여분을 취하는 건 오로지 인간뿐이다. '타인과 뭔가를 교환하는' 것은 인간의 근원적 욕망이며, 그 욕망이 인간의 인간성을 규정한다.

인간이 왜 교환을 하게 되었는지 그 이유는 아무도 모른다. 프랑스 인류학자 레비스트로스가 말했듯이, "인간이 만들어낸 모든 제도, 곧 가족, 언어, 신화, 종교, 경제활동 등의 기원은 암암리에 사라지고 그 기원을 말할 수 있는 사람은 없다. 분명한 것은 타인과 교환하고 싶다는 강렬한 욕망이 모든 사회제도의 근본에 놓여 있다."

노동의 성과 중 일부분은 반드시 교환을 위한 자원으로 저장해놓아야 한다. 때문에 노동 그 자체는 등가교환일 수 없다. 노동에 대해 지불하는 임금은 노동자가 만들어낸 가치에서 '교환을 위한 자원'을 공제한 나머지이기 때문이다.

'공제한다'는 것은 무슨 의미인가? 레비스트로스는 친족을 그 일례로 들었다. 친족이라는 관계는 여성을 딸 또는 여동생이라는 형태로

소유하고 있는 남자가 이들을 다른 남자에게 배우자로 증여함으로써 형성된다. 이것은 레비스트로스의 가설이었다. 이 가설은 페미니스트들로부터 격렬한 비판을 받은 이론이지만, 얘기하자면 길어지기 때문에 여기서는 생략하겠다. 교환을 할 때, 남자가 자신의 소유물인 여성을 다른 남자에게 증여해야 하는 까닭은 과거에 자신이 다른 남자로부터 그의 소유물인 여성을 아내로 받았다는 부채가 있기 때문이다(그렇지 않다면 딸은 태어날 수 없다). 교환 게임은 이미 시작되었고, 상황을 깨달았을 즈음에는 증여할 의무를 가진 선수로서 이미 게임에 참가하고 있다는 것이 '교환'이라는 게임의 기본 구조이다. 이는 언어의 경우나 경제활동의 경우에도 마찬가지이다.

## 반드시 되돌려줘야 하는 것이 있다
——

경제활동이란 자신이 소유한 재화나 서비스를 다른 사람에게 증여하는 것이다. 단, 여기서 말하는 '증여'를 인습적인 의미로 해석해서는 안 된다. 증여는 박애나 인도주의적인 동기로 행하는 것이 아니기 때문이다. 반드시 되돌려줘야 하는 것이 있어서 증여하는 것이다. 증여자는 주도권이 없다. 증여는 항상 이전에 받은 것을 되돌려주는 '반대급부'다.

노동주체가 창출한 가치의 일부를 다른 사람에게 증여해야 하는 이유는 노동주체로 나섰을 때 이미 타인으로부터 증여를 받았기 때문이다. 정신을 차렸을 때는 이미 '채무자'인 것이다. 그래서 그 '채무'를 청산해야 한다는 이 원죄의식이 과잉 획득의 의무감을 갖게 한다. 이것이 '노동의 인류학'이다.

경제활동을 증여와 반대급부 또는 채권과 채무라는 어법으로 말하면, 경제활동 역시 일종의 등가교환처럼 보인다. 하지만 여러 차례 반복해서 말했지만, 노동은 등가교환이 아니다. 등가교환은 앞에서도 말했듯이 본질적으로 무시간 모델이며, 두 개의 상품이 도식적으로 같다는 형태로 표출된다. 하지만 교환의 기원상, 두 상품을 동시에 그 가치를 비교할 수 있는 상태로 병치한다는 것은 있을 수 없는 일이다. 이 부분 역시 지금까지 여러 곳에서 언급한 내용이어서 되풀이해서 말하기가 뭣하지만, 교환의 기원적 형태는 '침묵교역'이다. 어느 부족이 공동체의 경계선 부근에 물품을 놓아두면, 다른 부족이 와서 그 물품을 가져가고 대신에 다른 물품을 놓고 돌아간다. 이 행위의 반복을 교역의 기원으로 보고 있다.

침묵교역에서 중요한 포인트는 경계선 부근에 놓아둔 물품의 가치를 가져간 쪽은 모른다는 점이다. 부족이 다른 이상, 언어도 다르고 종교도 다르고 가치관도 다르다. 그렇기 때문에 물품을 가져가면서 이 물품과 '등가의 것'을 놓고 가기란 불가능하다. 수취한 물품의 가치를 모르기 때문에 등가물을 내놓을 턱이 없다. 그래도 대신 뭔가를 놓고 간다. 받은 물품의 가치를 가늠할 수는 없지만 어쨌거나 '뭔가를 받았으니까 반드시 반대급부로 무언가를 내놓아야 한다'는 규칙이 있기 때문이다. 누가 정했는지는 모르지만, 인류 역사상 가장 오래된 교환규칙은 '무엇이든 받았으면 갚을 의무가 생긴다'는 것이다. 그러므로 침묵교역에서 등가물의 교환은 없다.

만약 등가물을 교환할 수 있다면, 그 부족이 도량형을 공유하는 혈족관계이기 때문이다. 혈족관계는 '다른 부족'이라고 했던 최초의 정의에 반한다. 그리고 등가물을 교환했다면, 교역은 거기서 끝난다. 교환을 계속해야 할 동기는 거기서 사라진다. 교환을 계속하는 이유는 침묵교역이 등가교환이 아니기 때문이다.

또 하나 중요한 포인트는 교환은 그것이 이루어질 때마다 '이미' 앞서 시작되었다는 점이다. 침묵교역에서 '최초로 선물한 사람'은 실제로 존재하지 않는다. 고대인들은 영토의 경계 부근에서 '뭔지 모르는 물품'을 발견하고 이를 '선물'로 받았을 것이다. 다른 부족 사람이 우연히 떨어뜨려 놓고 간 '시시한 물건'일지라도, 새나 짐승이 물어다 놓은 것일지라도 어쨌거나 '본 적이 없는 물건'이 공동체의 경계에 놓여 있다면 그것만으로 침묵교역을 개시할 동기는 충분했다.

교환은 무언가를 '선물'로 확인하는 행위와 동시에 개시된다. 그러므로 상식에는 반하지만, 침묵교역을 실제로 시작한 사람은 '최초로 선물을 한 사람'이 아니라 '최초로 선물을 받은 사람'이다. 게임의 시작 시점에는 '게임이 이미 시작되었다'고 굳게 믿었던 사람이 있다. 이것이 교환이라는 게임의 구조이다. 그러므로 교환에서 선수는 항상 뒤늦게 시장에 도착한다.

증여는 이미 일어났다. 그런 까닭에 받은 사람은 반대급부의 의무를 지게 된다. 하지만 애초에 받은 물건의 가치를 모르기 때문에 이에 대한 반대급부를 제공해도 원리상 등가교환은 성립하지 않는다. 게다가

교환하는 선수들은 증여를 했으면 그 자리를 떠야 한다. 결코 동시에 같은 장소에 있어서는 안 된다. 이러한 조건이 교환의 기본 규칙이다. 이러한 교환 규칙은 현대사회에서도 본질적으로 바뀌지 않았다.

## 백수가 벤처 부호를 지지하는 까닭

——                                   월급쟁이의 노동도 인간이 하는 활동이기에 교환의 기본 규칙에 따라야 한다. 모든 인간사회가 '일할 의무'를 기본 윤리로 삼아왔던 이유는 우리들의 모든 사회생활이 '일을 함으로써 이미 수취한 물건을 되돌려줘야 하는' 반대급부의 의무감에서 비롯되기 때문이다. 이 의무감과 채무감을 제쳐놓고 일에 동기를 부여할 수는 없다. '일을 해야 한다'는 것은 노동을 포장하기 위한 이데올로기가 아니라 노동의 본질이다.

오늘날의 니트 문제에 대해 정부와 미디어가 유포하는 말에 내가 설득당하지 못하는 까닭은 니트의 발생이 노동의 본질에 대한 '오해'에서 비롯하고 있다는 사실을 그 누구도 지적하지 않기 때문이다.

니트 문제에 대해 전문가들은 여러 가지 대응책을 정책으로 제언하고 있다. 이를테면 '역연금' 제도를 도입해 젊은 니트들에게 연금을 주어 생활을 지원하자든가, 직업훈련의 기회를 제공하자든가, 맞춤 상담과 적성검사를 하자든가 하는 매우 다채로운 대안들이 나오고 있으나 애석하게도 나는 그 어떤 정책도 효과가 없을 것이라고 본다.

니트족은 '노동하는 것' 그 자체에 불합리함을 느껴 노동으로부터 도피하는 것이므로, 왜 그들이 불합리함을 느끼는지 근본 문제를 간과하는 한 어떤 정책도 문제를 해결하기보다 오히려 악화를 불러올 수밖에 없다.

노동으로부터 도피하는 젊은이들의 가슴 밑바닥에는 소비주체로서의 확고한 정체성이 자리를 잡고 있다. 그들은 소비행동의 원리를 노동에 대입시키고, 자신이 제공한 노동에 대해 임금이 적거나 충분한 사회적 위신을 획득할 수 없으면 "이건 좀 이상해"라고 말한다. 물론 등가교환을 원칙으로 한 경우라면 그들이 하는 말은 전적으로 맞다.

젊은이들의 입장에서 보면 경제적 합리성은 요컨대 '노력과 성과(임금 또는 위신)의 상관'이다. 그런데 노동 현장에서는 아무리 봐도 노력과 성과가 상관관계가 아니다. 그들은 이렇게 생각하고 있고 또 그들의 생각이 맞다. 실제로 노력과 성과가 함께 가지 않는다. 그래서 그들은 "그런 불합리한 일은 못하겠어요"라고 당당하게 주장한다. 정말 합리적이다. 이것은 '공부로부터의 도피'의 경우와 같은 논리다.

니트 문제의 최대 난관은, 니트족이 어렸을 때부터 쭉 경제적 합리성을 가지고 가치판단을 해왔고 그 결과 스스로 무직자의 길을 선택했다는 그들 나름의 수미일관성을 경제적 합리성이라는 논거로 깨뜨릴 수 없다는 데 있다.

니트들은 등가가 아닌 교환에는 결코 응하지 않는 '영리한 소비주체'로 자기들을 규정하고, 여기서 비록 작으나마 만족감과 성취감을 얻고 있다. 이 상태를 고수하는 이상, 그들이 '공부'나 '노동'과 같은 본래 등가교환이 아닌 역동적인 과정 속으로 들어가기로 자발적으로 결심하는 일은 있을 수 없다. 니트에게 "넌 일을 해야 해"라고 말하면 그들은 지체 없이 "왜요? 그게 나한테 무슨 이득이 되는데요?"라며 반문할 것이다. 그들의 가치판단 기준에 비추어 '유용하다'고 판단하면, "그렇다면 일을 해보지요"라는 대답이 돌아올 것이다. 그러나 그들은 '유용·무용'을 판단할 때, 배움의 경우와 마찬가지로 재화나 본능적 즐거움 또는 사회적 위신 같은 '어린아이도 아는 가치'를 노동과 등가교환을 하여 얻을 수 있다는 확증이 있는 경우라야만 일할 것을 수락한다. 확증이 없으면 결코 응하지 않는다.

예컨대 컴퓨터 자판을 두들기는 것만으로도 하루 몇 백만 원이 들어오는 일이라면 '유용하다'고 판단할지 모르겠다. 음악이나 미술, 연극과 같은 '창조적이고 개성적인 자기표현'에 대해 상당한 대가를 받을 가능성이 있다면 손가락을 까닥할 수도 있겠다. 매춘 역시 생각하기에 따라서는 쾌락을 만끽하면서 고액의 대가를 받을 수 있는 효율 높은 일이라고도 생각할 수 있다. 실제로 매춘을 업으로 삼기를 바라는 사람과 포르노 영화에 출현하고 싶어 하는 이들이 끊임없이 공급되는 이유는 그들이 특별히 호색한이거나 가난하기 때문이 아니라, 그들의 눈에는 그 일이 '효율 높은 거래'로 보이기 때문이 아닐까.

라이브도아(인터넷과 미디어 관련 회사)의 호리에 타카후미 전 사장은 한때 니트를 포함한 젊은층에게 압도적으로 인기가 있었다. 왜 무직인 젊은이들이 생활수준이 전혀 다른 벤처 부호에게 공감의 박수를 보냈을까? 미디어는 이 이해할 수 없는 대중적 인기를 '낡은 가치관을 파괴한 자'에 대한 공감 때문이라고 설명했지만 이것만으로는 부족하다.

호리에 사장은 '가장 적은 노동으로 가장 많은 이익 내기'와 '가장 적은 노력으로 가장 많은 성과 올리기'를 최고선으로 하는 사상을 구현했다. 그는 고급 주택가에 집을 사고, 명품 옷을 입고, 자가용 비행기로 여행하고, 야구팀과 텔레비전 방송국을 사려고 했으며, 마지막에는 우주여행을 하고 싶다고 말했다. 이 모든 것은 '여섯 살짜리 꼬마라도 하고 싶은, 이해되는 욕망'의 대상이다. 라이브도어 사건은 심리적으로 가장 흥미로웠던 사건이었다.

여기서 중요한 점은 '성공이냐 아니냐'보다 '어떠한 가치관, 어떠한 노동윤리에 따라 일하고 있는가'이며, 가치관과 노동윤리에서 일치하면 무직자와 부호도 '현명한 삶을 사는 사람'이라는 같은 범주에 들어갈 수 있다는 것이다. '현명한 삶을 산다'는 환상적인 자기규정을 획득할 수 있다면 연봉이나 사회적 평가는 부차적인 것이 된다. 나는 이것이 사회적 약자가 벤처 부호에게 보낸 박수에 담긴 의미라고 생각한다.

## 환금성이 빠른 학문을 지향하다

다시 학교 이야기로 돌아가자. 대학은 학교교육의 최종 단계로, 대학 공부가 끝나면 취업을 하기 때문에 '공부'와 '노동'이 만나 혼합작용을 일으키는 이른바 기수역 같은 곳이다. 그렇기 때문에 양쪽 영역의 도착 현상이 전형적인 형태로 나타난다.

근래 눈에 띄는 경향은 교육을 비즈니스 측면에서 바라보고 있다는 점이다. 특히 수험생과 부모는 비즈니스 용어로 교육을 말하는 것을 당연하게 여긴다. 그들은 자신을 대학이라는 교육 서비스를 구입하는 '구매자'로 생각한다. 즉, 대학 교육의 '고객'이다. 이 고객에게 대학은 교육 서비스를 제공하는 계약을 맺었고, 그들은 "수업료를 냈으니 등가의 교육 서비스를 제공하시오"라는 식으로 학교에 요구한다.

하지만 이런 단계까지 이른 것은 이미 '교육의 자살'이 일어난 것과 마찬가지다. 소비자는 구매할 상품의 내역을 이미 알고 있다는 것을 전제로 하기 때문이다. 자신이 구매할 상품을 어디에 쓸지도 모르고서 구매하는 사람은 없다. 소비자로서 교육기관에 맞서려면 그 전제로 지원자와 부모들은 대학이 어떤 쓸모가 있는지를 알고 있어야 한다.

물론 실제로는 입학하기 전에 대학이 무엇을 목적으로 하는 기관이며, 어떤 교육 서비스를 제공하는지 세세한 사항까지 빠짐없이 숙지하기란 불가능하다. 그러나 소비자 자격으로 대학과 관계를 맺는 이상은 '알고 있는 척'을 해야 한다. 이것은 구조적으로 소비자에게 요청되는 일이다. '영리한 소비자'는 판매자가 내놓은 상품의 가치와 용도를 미리 숙지하고 있으며, 짐짓 그 상품에 흥미가 없다는 듯이 행동함으로써 거래를 유리하게 이끌 수 있다는 사실을 알고 있다. 그렇기 때문에 소비자라는 입장을 취할 때 학생도 부모도 대학에 이러한 태도를 보이도록 구조적으로 강제당한다.

이러한 태도가 뚜렷하게 나타나는 현상이 이른바 '실용학문 지향'이다. 사람들은 '실용학문'을 '실제로 도움이 되는 지식과 기술'이라고 이해하고 있는데 사실은 그게 아니라 '실제로 도움이 될 것이라고 고등학생도 알고 있는 지식과 기술'을 말한다. 여기에는 '고등학생도 알고 있다'는 말이 반드시 들어가야 한다. 아무리 유용한 학문이라도 고등학생이 그 유용성을 이해할 수 없는 학문은 '실용학문'으로 인정받을 수 없기 때문에 전공으로 선택하지 않는다.

소비자 마인드로 고등교육을 받으러 오는 아이들이 빠지는 함정은 "그것이 어떤 쓸모가 있는지 미리 알고 있는 학문만을 선택한다"는 데 있다. 그 결과 대학진학을 목표로 하는 학교의 경우, 졸업생의 30퍼센트가 의대, 치대, 약대를 선택하는 현상도 나타난다. 문과 경우라면 최근 몇 년간 법학부나 교육학부가 인기를 끌고 있다. 의사나 법조인은 사회적으로 권위가 있고 벌이가 좋으며, 교사는 도산할 걱정 없는 안정된 직업임을 고등학생도 잘 알기 때문이다.

이러한 학문 영역을 '실용학문'이라 부르는 이유는 쉽게 말해 교육투자에 대한 환금성이 빠르고 확실하기 때문이다. 투자한 양을 틀림없이 그리고 신속하게 회수할 수 있는, 이 확실성이 높은 학문을 세상은 '실용학문'이라 부른다.

## 모르는 게 당연하다
——
교육투자를 신속하게 회수할 수 있다고 할 때, 문제는 역시 시간이다. 소비행동은 화폐를 지불하면 그 즉시 상품을 인도받는 것을 원칙으로 한다. 학교교육에서는 아이들의 '고역(공부)'과 부모의 '투자(학비)'가 화폐에 해당하고, 아이들이 졸업 때 받을 자격과 지식 그리고 장차 얻게 될 사회적 위신과 수입이 '상품'에 해당한다. 때문에 소비자 마인드로 교육을 바라보는 사람들은 화폐가 투입되어 상품이 교부되기까지 걸리는 시간이 가능한 짧기를 바란다. 이상적으로는 이 시간차를 제로로 만들고 싶어 한다.

소비자는 그런 법이다. 돈을 냈는데 상품이 손에 들어오지 않으면 심한 스트레스를 받는다. 상품을 먼저 받고 돈은 나중에 지불하는 방문판매 방식이 (품질에 비해 값이 비싸더라도) 꾸준히 인기를 끌고 있는 까닭도 이 방식이 이상적인 무시간 교환을 실현하고 있기 때문이다.

소비자 마인드는 등가교환을 희망하고, 등가교환은 무시간 모델이기 때문에 고등교육의 장에서도 아이들은 '공부'할 동기가 사라진다. '시간'을 배제한 곳에 '배움'은 성립하지 않기 때문이다. 예를 들어 요즘 대학에는 실러버스syllabus라는 게 있다. 예전의 수업개요나 학습요강 같은 것으로, 이를 더 구체화한 것이다. 이 과목의 목적은 무엇이고 교육방법은 어떠하며, 몇 월 며칠에는 어떤 주제로 어떤 학술 정보를 제공한다고 적혀 있다. 어째서 이런 게 필요한 것일까? 실러버스는 말하자면 직무기술서이다. 이것은 대학이 학생과 맺은 계약 내용을 담고 있다. 몇 월 며칠 이런저런 것을 강의하겠다고 실러버스에 나와 있고, 만약 교수가 그대로 가르치지 않을 경우 학생들은 계약위반으로 대학에 클레임을 걸 수 있다.

나는 이것이 고등교육 자살의 한 징후라고 생각한다. 학생이 앞으로 무엇을 배울 것인가에 대해 미리 알고 있을 것을 전제로 해서는 배움은 성립하지 않기 때문이다. 배움이란 자기가 배운 것의 의미와 가치를 이해할 수 있는 주체를 구축해가는 과정이다. 공부를 끝낼 시점이 되어야 비로소 무엇을 배웠는지를 이해하는 수준에 도달한다. 공부는 이런 역동적인 과정이다. 배우기 전과 후에 다른 사람이 되어 있지 않으면 공부는 아무런 의미가 없다.

이것을 나는 '멘토 패러독스'라고 부른다. 우리가 어떤 지식이나 기술을 습득하고자 할 때 멘토의 지도를 받으며 배운다. 그런데 멘토는 잘 생각해보면 부조리한 존재다. 가령 무술이든 예술이든 무엇인가를 배우려고 하는데 몇 명의 멘토 후보자가 있다고 하자. 누구 밑에서 배울지 우리는 후보자 중에서 한 명을 선택해야 한다. 하지만 우리는 앞으로 배울 지식과 기술에 대해 잘 모른다. 잘 모르기 때문에 '배우고 싶은' 것이고 그래서 모르는 게 당연하다. 그런데 잘 모르는 분야에서 누가 뛰어난 기예를 지니고 있고, 누가 나를 실수 없이 목적지까지 데려가줄 것인지를 결정해야 한다. 하지만 초심자는, 초심자의 정의가 그렇듯 '목적지'가 어디인지 잘 모른다. 정말 부조리하게도, 자신이 어디로 가는지도 모르는 사람이 자신을 목적지까지 데려다줄 사람이 누구인지 알아 맞혀야 하는 것이다.

## '배우는 방법'을 배운다

하지만 우리는 이러한 일을 일상적으로 태연하게 하고 있다. 아직 배우지 않은 것에 대해 "이 사람이라면 잘 가르쳐줄 것 같다"는 직감을 가질 수 있기 때문이다. 그래서 어떤 교실이나 도장은 배우러 오는 사람들로 붐빈다. 하지만 "왜 그런 판단을 내렸는가?"라고 물어본다면 대답할 수가 없다. 아직 습득하지 않은 기술에 대해 "이 사람의 기술이 더 좋아서"라고 판정을 내릴 수

노동으로부터 도피하기

없다. 하지만 사람들은 평가를 내린다.

평가를 내리는 게 가능한 이유는 멘토를 선택해야 하는 상황이 왔을 때 우리가 가지고 있는 가치판단을 '잠시 보류'하기 때문이다. 자신의 가치판단을 보류하지 않으면 '판단할 수 없는 것에 대해 판단하는' 곡예는 연출할 수 없다. 배움은 이 순간에 기동한다. 왜냐하면 자신의 가치판단을 '보류한다'는 것이야말로 배움의 본질이기 때문이다.

합기도를 시작한 지 얼마 안 되어 타다 히로시 선생과 얘기할 기회가 있었다. 그때 선생님은 내게 "우치다군은 왜 합기도를 시작했는가?"라고 물었다. 나는 주저 없이 "싸움을 잘하려고요"라고 대답했다. 벌써 30년도 더 된 일이라 젊은 혈기로 그렇게 말했지만 지금 생각해도 참 어리석은 대답이었다. 하지만 그때의 나로서는 분명히 '싸움의 기술을 익히는' 것이 도장에서 수련하는 중요한 목적이었다. 나의 어리석은 대답에 선생님은 호탕하게 웃으시며 "그런 동기로 시작해도 상관없겠지"라고 말씀하셨다. 그때 나는 "이 선생님은 진짜다. 이 선생님 밑에서 배워야겠다"고 마음먹었다.

타다 선생은 "무도 수행을 하는 목적은 자네의 목적과는 다르네. 자네가 내 밑에서 배우려고 하는 것과는 다른 것을 배우게 될 걸세"라고 말씀하셨다. 나는 그 말을 듣고 "이분을 스승으로 모셔야겠다"고 다짐했다. 이것은 잘 생각해보면 비합리적인 판단이다. "나는 당신이 바라는 것과는 다른 것을 주겠다"는 말을 근거로 "이 사람이야말로 내가 바라는 것을 줄 수 있는 사람"이라고 생각했기 때문이다.

하지만 이 비합리성 안에 멘토의 교육적 기능이 있다. 지금은 의미를 알 수 없는 말이지만 일단은 '뭔지 잘 모르는' 채로 받아들이고, 언젠가는 그 의미를 이해할 수 있는 성숙의 단계에 이르게 되기를 희망한다. 이러한 생성 과정에 몸을 던질 수 있는 자만이 배울 수 있는 것이다.

그러므로 한번 배움이 무엇인지 안 사람은 그 후에 얼마든지, 어떤 영역이든지 배울 수 있다. 배움의 본질은 지식과 기술에 있는 것이 아니라 배우는 방법에 있기 때문이다.

플라톤의 『메논』에서 소크라테스는 '문제의 패러독스'를 말했다. 우리는 문제를 내고 그에 답하는 작업을 반복한다. 하지만 '문제'라는 걸 곰곰이 생각해보면, 그 자체가 역설적이다. 해법을 전혀 알 수 없는 문제는 애당초 '문제'로 인식할 수 없으며, 해법을 이미 알고 있다면 그것은 이미 '문제'가 아니기 때문이다. 다시 말해 우리가 '문제'라고 부르는 것은 해법을 어렴풋이 알지만 아직은 완전히 알지 못하는 것을 말한다.

과학은 항상 '가설'을 세운 다음 이를 증명한다. 가설을 세워서 이를 근거로 실험을 하고 반증 사례를 발견하면 가설을 바꾼다. 이것이 자연과학, 인문과학을 불문하고 모든 과학적 사고의 기본이다. 이 '가설'이 지금 말한 '어렴풋이 알고 있지만 아직은 완전히 알지 못하는 해법'이다. '임시 진리'라고 해도 좋을 것이다. 임시 진리가 결정적인 진리인지 아닌지는 좀더 시간을 들이지 않으면 알 수 없다. 반대로 말하면, 지금은 맞는지 안 맞는지 여부를 말할 수 없지만 시간을 들이면 말할 수 있게 되는 것이다.

미지에 대한 지성의 개방성, 내가 이대로 나아가면 언젠가는 얻을 수 있는 앎에 대한 분명한 기대가 '멘토', '문제', '가설'의 밑바닥에 흐르고 있다. 추상적인 설명이어서 유감이지만, 여기서 키워드는 '시간'이다. 지성이란 요컨대 나 자신을 시간의 흐름 속에 놓고 나의 변화를 고려하는 것이다. 이 말을 거꾸로 하면, '무지'의 정의도 가능하다. 무지란 시간의 흐름 속에서 나 자신 역시 변화한다는 사실을 고려하지 못하는 사고를 뜻한다. 내가 계속해서 말하는 것이 바로 이것이다. 공부로부터의 도피, 노동으로부터의 도피는 자신의 무지에 고착하는 욕망인 것이다.

교육의 장에 실러버스라는 직무기술서를 도입한 것을 두고 나는 교육의 자살행위라고 말했다. 왜냐하면 앞으로 공부를 시작하고자 하는 학생에게 아직 아무것도 배우지 않은 상태에서 학습의 과정을 마지막까지 한눈에 볼 수 있는 이차원적인 도상으로, 다시 말해 무시간 모델로 제공하기 때문이다.

교육을 '고역과 성과', '화폐와 상품', '투자와 회수'라는 비즈니스 모델로 바라보는 한 교육은 반드시 무시간 모델로 밑그림을 그리게 될 것이다. 왜냐하면 소비주체는 시간 안에서 변화하지 않기 때문이다. 아니, 변화해서는 안 되기 때문이다. 가지고 있는 화폐를 투자해서 이와 등가의 상품을 손에 넣는 교환을 반복하는 한 보유하고 있는 자산의 형태는 변하지만 총액은 변하지 않는다. 이것이 등가교환 제도 안에서 살아가는, 변화하고 성숙하는 것을 금지당하고 있는 소비주체의 숙명이다.

## 제품을 생산하는
## 공장이 된 학교

———
대학의 '출구'에서도 구조적으로 같은
문제가 일어난다. 대학 바깥에서는 시장경제 사회가 졸업생을 '인재'로
맞아들이려고 기다린다. 입학 시에는 학생과 부모가 '구매자'이며, 대
학은 교육상품의 '판매자'라는 소비모델이 있다. 이와 마찬가지로 출
구에서 졸업생은 '대학이라는 공장'에서 송출한 '제품'이며, 이 제품을
기업이 '매입'한다는 또 하나의 소비모델이 존재한다.

재계와 문부과학성은 대학이 송출하는 졸업생이라는 '제품'에 대해
일반적인 공장이 그러듯이 '품질보증'을 요구한다. 다시 말해 표준적인
품질을 갖춘 결함 없는 규격품인지를 보증해 달라는 것이다.

그러나 이 요구는 원리적으로 무리한 주문이다. '교육의 산출물'은
측정이 불가능하기 때문이다. 교육 성과로 측정할 수 있는 것은 극히
일부분에 지나지 않는다. 예를 들어 졸업에 필요한 학점 단위를 이수
했는지의 여부는 보증할 수 있다. 단위는 수치로 표시할 수 있지만 실
제로는 무의미한 것이다.

지금 대학 졸업에 필요한 단위는 124단위로, 문부과학성이 정한 것
이다. 이 학점 개념은 미국 공장 노동자의 노동시간에서 가져온 개념
으로 처음부터 비즈니스 모델을 따른 것이다. 1단위는 45시간의 작업
을 말한다. 45시간은 보통의 노동자가 1주간 노동하는 시간인 월, 화,
수, 목, 금요일 각 8시간씩 계산한 40시간에 토요일 5시간 작업을 더
한 시간이다. 이것을 학생에게 대입하면, 학교에서 15시간 수업을 받

으면 1단위를 이수한 것으로 계산된다. 이렇게 정한 이유는 학교 공부 외에 예습 15시간, 복습 15시간, 도합 30시간을 더 공부해야 하는 것으로 정의해놓았기 때문이다. 현실성은 없지만 어쨌거나 학교 공부 15시간에 예습·복습 30시간을 더해 45시간이 되고, 이를 1단위로 정해 놓았다.

124단위로 졸업한다는 말은 쉽게 말하면 5,580시간의 공부를 한 사람에게는 학사 학위를 수여한다는 발상이다. 수치를 가지고 장난칠 위험성이 있다는 것은 이것만 봐도 충분히 알 수 있을 것이다. 실제로 지금 일본의 대학생은 1시간의 수업에 대해 2시간의 예습·복습을 하지 않는다. 아마 대학생의 절반 이상은 집에서 공부하는 시간이 제로일 것이다. 심지어 대학의 경우는 90분짜리 수업 15주를 2단위로 인정하고 있다. 1.5시간 곱하기 15주는 22.5시간. 이것으로 2단위를 인정한다는 말은 22.5시간을 90시간으로, 다시 말해 네 배로 불려서 인정하는 것이 된다. 물론 휴강도 있고 학생도 땡땡이를 치기 때문에 아마도 다섯 배 이상은 단위를 부풀리는 셈이 될 것이다.

대학의 학점 단위나 학사 학위는 국제 규격이다. 실제로 일본은 국제 규격의 5분의 1정도의 학습량으로 학사 학위를 남발하고 있으므로 당연히 국제사회로부터 항의를 받게 된다. 세계 어느 곳이든 1단위는 1단위, 학사 학위는 학사 학위로서 표준적인 질을 보증해야 한다고 주장하는 곳도 등장했다. 교육 내용에는 국제 공통성이 없어서는 안 되며, ISO(국제표준화기구) 같은 것이어서 대학도 공장과 마찬가지로 국제 표준에 걸맞은 양질의 '제품'을 내보내야 한다는 것이다.

지금까지 1단위 분량의 작업을 학생이 제대로 하고 있는지 여부에 대해 대학이 출결 사항과 기말시험 외에 별다른 검사를 하지 않았던 이유는 '교육의 질'은 수치로 측정할 수 없다는 것이 상식이었기 때문이다. 나 역시 같은 생각이다. 나는 대학의 자기평가 활동과 교무 책임자를 역임하면서 교육활동의 수치화를 적극적으로 도입해야 했고 이른바 교육의 비즈니스 모델을 추진하는 입장이었지만, 5년 이상 이 일을 하면서 내린 결론은 '측정은 불가능하다'는 것이었다.

교육활동 중에서 수치로 환산할 수 있는 데이터는 거의 의미가 없기 때문이다. 교원 한 사람 한 사람에 대해서도 담당 과목 수와 담당하고 있는 학생 수, 지도하는 논문 수 같은 것은 간단하게 수치로 나온다. 하지만 같은 과목 수를 담당하고 같은 수의 학생을 가르친다 해도 교원이 가르치는 내용은 저마다 다르다. 교원들은 나름의 교육 이념과 교육 기술을 갖고 있는데, 이런 것들의 질을 수치화하려고 해도 방법이 없다. 학생들의 수업평가에서 높은 점수를 받은 교수는 교수법이 우수할 것이라고 추측할 수 있지만, 이 판단 또한 거의 객관성이 없다.

기업에서도 한때 '성과주의'라고 해서 컨설턴트를 고용해 다양하게 성과를 평가하고자 시도했다. 적절하지 않은 평가를 내릴 경우 조직이 입게 될 피해를 생각하면 매우 정밀한 평가 시스템을 구축하지 않으면 안 된다. 그렇지 못할 경우 성과주의에 입각한 인사고과는 오히려 부정적인 결과를 초래하게 된다. 신뢰성이 높은 정밀한 평가 시스템을 구축하기 위해서는 여기에 방대한 자원과 시간을 투자해야 한다. '인사고과를 제대로 할 수 있는 사람'은 객관적인 눈을 갖고 냉정한 판단을 하며 능력이 뛰어나 어떤 일을 맡겨도 척척 처리해낼 수 있는 사람임에 틀림없다. 그런데 기업 입장에서 볼 때 그처럼 유능한 인재들을 평가활동에 투입해버리면 본 사업 수행에 지장을 초래하게 된다.

실제로 모든 기업이 어느 단계까지 해보다가 '성과주의는 포기하자'는 분위기로 가고 있다. 개인의 성과를 평가하는 건 좋은 일이지만 평가 비용이 평가가 가져올 이익을 초과할 게 분명하기 때문이다.

교육의 결과를 성과주의로 평가하는 일도 마찬가지다. 교육의 효과는 졸업 시점에서 취득하는 단위 수와 성적, 자격, 전문지식, 기능 따위만 있는 것은 아니다. 고등교육에서 배운 좀더 중요한 기법이라고 할 커뮤니케이션 능력과 문제해결 능력은 종합적으로 수치화하기가 불가능하다. 식견, 판단력, 감수성, 취미 같은 것들은 도대체 언제 어떻게 자신의 몸에 배게 됐는지 본인도 잘 알 수 없는 것이다. 하물며 학교에서 익힌 것 중에서 가장 중요한 '배우는 능력'은 '능력을 향상시킬 수 있는 능력'인 메타 능력이다. 말하자면 '척도를 만들어내는 능력'이다. '척도를 만들어내는 힘'은 기존의 척도로 계측해낼 수 있는 게 아니다.

교육의 결과는 수치로 평가할 수 없다. 이것은 당연하다. 이 교육의 결과를 수치화할 수 있고, 수치화해야 한다고 주장하는 사람이 있다는 것은 학교를 공장으로 보고, 졸업생을 제품으로 간주하는 시장주의적 교육관의 위험성을 의심하지 않기 때문이다.

나는 '인재'라는 말을 가급적 쓰지 않으려고 한다. 인간은 제품이 아니라는 기본적인 사실에 이 말이 오해를 불러일으킬 소지가 있기 때문이다. 왜냐하면 '자기조직화 하는 제품'이 세상에 존재할 리 없기 때문이다. 아무데나 놓아두어도 자동적으로 기능이 향상되는 전기제품이라든가, 찬장에 넣어둔 동안 저절로 맛이 좋아지는 통조림이 있을 리 만무하다.

하지만 인간이 교육을 통해서 익히는 최고의 자질은 바로 이런 힘이다. 시간이 흐를수록 다양한 경험을 쌓고 자질을 향상시킬 줄 아는 능력, 교육은 이 능력을 습득시키는 데 최선을 다해야 한다고 생각한다. 그러나 교육의 '입구'에서도 '출구'에서도 시장원리가 깊숙이 파고들고 있다. 그 때문에 아이들도, 졸업생을 맞이하는 사회도 배움의 의미를 잃어버리고 있다. 배움의 의미를 모르는 인간은 노동의 의미도 알 수 없다. 일단은 이렇게 잠정적인 결론을 내고 이야기를 끝맺기로 한다.

# 4. 이들을 어떻게 도울까

소음을 신호로 변환하는 과정, 이것이야말로
배움의 과정이라고 생각합니다. 자기 생각은 일단 보류하고,
아직은 이해가 안 되지만 주의 깊게 듣고 있으면 언젠가
이해할 수 있게 될 것이라는 믿음을 갖고 경의와 인내심을 갖고
메시지를 맞이해야 합니다. 이러한 개방적인 태도로
귀 기울이지 않으면 소음은 결코 신호로 바뀌지 않습니다.

# 미국식 모델의 종언

히라카와 카츠미    제가 먼저 보강하는 의미에서 몇 가지 질문을 하고 그 다음은 여러분들의 이야기를 듣도록 하겠습니다. 매우 시사성이 풍부한 이야기가 많았는데, 오늘 이야기의 핵심은 '노동과 소비'였다고 생각합니다. 1985년부터 일본에서 부동산 거품이 일어났고 그 이후 주5일 근무제를 도입했습니다. 직종에 따라서는 주4일 근무제도 있었고, 1년 365일 중에 거의 100일을 쉬는 사람들도 있었습니다. 그 전까지는 어떻게 일할 것인가, 어떻게 하면 쾌적하고 즐겁게 일할 것인가가 우리들의 주된 테마였습니다. 하지만 이제는 남은 시간을 어떻게 사용하고, 어떻게 시간을 소비할 것인가로 주요 테마가 옮겨졌다고 요시모토 다카아키*씨가 말씀하셨는데, 꽤 설득력이 있었습니다.

일본의 경제 거품이 꺼지고 경기가 서서히 악화되면서 일본식 경영 시스템이나 일본이 가진 자산에 대한 반성이 일어났습니다. 그 결과 미국식 생산 시스템으로 눈을 돌리게 되었고 미국의 노동 가치관을 들여오게 되었습니다. 오늘 말씀하신 내용은 그때 우리가 미국에서 배워온 것들의 유효기간이 대체로 만료되었고, 그로 인해 여러 가지 모순이나 봉합한 상처가 터진 결과라고 생각합니다. 분명히 말하자면 이제 미국식 모델로는 도저히 안 된다는 얘기로 들렸습니다. 무시간 모델은

---

* 요시모토 다카아키(1924–2012): 문화, 정치, 사회, 종교 등 광범위한 영역에서 평론과 저작활동을 한 일본의 시인이자 문예비평가._역주

전형적인 미국식 모델입니다. 이 점을 어떻게 생각하십니까?

우치다 타츠루　미국이라고 구체적으로 말하지는 않았지만, 선생님이 지적하신 대로 오늘 얘기는 실제로 '미국식 모델의 종언'이라고 정리해도 될 것 같습니다. 미국 사회 전체가 미국식 모델의 한계를 자각하고 이것을 어떻게든 바꿔보려고 노력하기 시작했습니다.

히라카와　오늘 얘기 중에 나왔던 무시간 모델은 요컨대 '기브 앤 테이크give and take'입니다. 무엇을 주고 그 가치에 해당하는 뭔가를 받는다는 것이죠. 노동에 관해서는 직무기술서가 있고 이에 대한 급여명세서가 있습니다. 항상 이런 식의 등가교환이 사회 구석구석까지 퍼져 있습니다. 그렇지 않으면 경제적 합리성이 깨어지므로 모든 것이 등가교환으로 갑니다.

그런데 우리의 전통적 노동관이나 비즈니스관은 상당히 다릅니다. 우리가 손에 넣고 싶어 하는 것은 반드시 무엇인가를 우회해서 이뤄집니다. 아니, 우회적이 아니면 실현되지 않습니다. 비즈니스는 경제 관계라 돈을 지불하고 무엇인가를 받습니다. 그런데 무엇인가를 증여하면 이것이 우회해 반드시 어딘가 다른 곳에서 예상치 않은 답례가 옵니다. 이렇게 우회적으로 실현된 것은 진짜 가치라 할 수 있지만, 교환의 장에서 직접적으로 주고받는 것에는 가치가 없습니다. 교환은 단순한 사물의 이동이기 때문입니다. 우회해서 실현된 것 중에서 일종의 부가가치가 발생한다고 이해했습니다.

우치다　교환은 말씀하신 대로 교환에 따르는 다양한 가치를 만들어내는 '계기'에 지나지 않습니다. 문화인류학자인 말리노프스키의 『서

태평양의 항해사들』을 통해 알려진 트로브리앤드 섬의 '쿨라'라는 교환 의례가 그렇습니다. 쿨라 의례에서는 조개껍질로 만든 장신구 따위를 서로 교환하지만 장신구 자체는 별 의미가 없습니다. 교환 뒤에 숨겨진 진짜 목적은 무가치한 장신구를 서로 원활하게 주고받는 과정에서 쿨라 의례 당사자들 사이에 흔들림 없는 신뢰 관계를 구축하고, 교환을 위해 멀리 떨어진 섬까지 범선을 타고 가는 과정에서 항해 기술을 익히는 것입니다.

쿨라 의례만을 놓고 보면 하얀 조개껍질과 빨간 조개껍질이 교환될 뿐입니다. 장신구라 해도 성인 남성이 착용하기에는 너무 작아서 쓸모가 없습니다. 하지만 이것을 교환함으로써 서로 유대 관계를 맺고, 또 그런 일을 통해 기술을 습득하고 전승하는 거죠. 배를 만드는 기술이라든지 항해술, 기상을 보는 기술, 해양에 관한 지식이 쿨라 의례를 유지하기 위해 점점 발전해 갑니다. 물론 쿨라는 통과 의례로서도 기능합니다.

우리가 하는 비즈니스도 본래는 이러한 것이었다고 생각합니다. 우리가 화폐와 상품을 교환하는 데 열중하는 이유는 교환이 안정적으로 원활하게 이루어지기 위해 교환의 장을 밑에서 받쳐주는 여러 제도들과 인간적 자질을 개발할 필요가 있기 때문입니다. 교환 자체보다 오히려 교환의 장을 두텁게 하는 것, 바로 여기에 목적이 있는 것입니다.

교환의 목적은 등가의 물품을 교환하거나 싼값으로 고가의 물품을 사들이는 것이 아니라, 교환을 계기로 그것을 가능케 하는 다양한 인간적 가치를 창출하는 데 있다고 봅니다.

　　그래서 저는 지금 일어나고 있는 여러 가지 문제들은 교환의 배후라고 할까, 교환을 떠받쳐주는 사항들을 고려하지 않고 모든 것을 교환 모델 위에서 일어나는 사건에 한정하기 때문에 일어난다고 봅니다. 경제적으로 주고받기의 원칙을 적용할 수 있는 일에만 몰두하는 거죠.

　예를 들어 지식은 일본에서도 활용할 수 있고 미국이나 유럽에서도 활용할 수 있는 교환 가능성에 입각하여 표준화됩니다. 모든 것을 표준화해버리면 무슨 일이 일어나겠습니까? 앞에서 언급했던 '자기 찾기'가 꽤 화제를 모았는데, 모두가 표준화되면 이제 '나'라는 것은 없어집니다. 옆 사람과 나의 차이를 측정하는 도구로 경제적 잣대밖에 없다면, '자기다움'이란 애당초 있을 수 없습니다. 이렇게 되면 자기가 붕괴됩니다. 그렇지 않으면 유일한 척도인 돈을 양적으로 불려서 자기붕괴를 막고자 합니다.

　"돈으로 살 수 없는 것은 없다"고 말한 호리에 사장의 얘기도 나왔지만, 호리에 사장의 출현은 그 징후라고 봅니다. 나는 이 점에 대해 여러 곳에서 비판을 했는데, 그가 한 말은 어떤 의미에서 아주 이해하기 쉽습니다. 그가 말하는 '돈의 투명성'은 바로 표준화를 뜻합니다. 돈을 척도로 인간을 표준화해버리면 그것만으로 누구나 평가해줍니다.

　물론 경제 관계라고 하는 것은 표준화되어 있지 않으면 성립이 안 되지만, 그와 동시에 눈에 보이지 않는 곳에서 만들어지는 가치에도 눈을 돌리지 않으면 안 됩니다. 둘 다 고려해야 한다는 점을 망각한 것 같습니다.

# 자식이라는 '제품'을 속성재배하려는 부모

우치다    경제 관계의 배후에는 교환을 성사시키고 유지하기 위한 눈에 보이지 않는 많은 노력들이 있습니다. 사실 그 노력들이 경제활동의 본래 목적임을 잊어서는 안 됩니다. 저 역시 그렇게 생각합니다.

경제적 합리성은 경제 활동에 부가적으로 따르는 많은 인간적 가치를 배제합니다. 따라서 군더더기 없이 아주 깔끔합니다. 하지만 시야에서 배제된 탓에 치명적인 타격을 입는 것이 많습니다. 교육도 타격을 입었고 노동, 육아도 그렇습니다.

아동학대 사례가 점점 늘고 있습니다만, 이 현상은 육아를 등가교환 관점에서 생각하는 습관이 낳은 필연적인 결과로 보입니다. 육아는 오랜 시간이 걸리는 일입니다. 하지만 지금의 젊은 엄마들은 육아를 긴 안목으로 생각하는 게 불가능합니다. 극히 짧은 안목으로 생각합니다. 아마도 육아를 비즈니스 관점에서 생각하기 때문일 것입니다. 자식은 자기가 만들어낸 '제품'이며, 부모의 성과는 이 제품에 어떤 부가가치를 덧붙이느냐에 따라 평가받는다고 생각합니다. 성과가 평가를 받으면 부모는 '육아의 성공'이라는 형태로 사회적인 자기실현을 다했다고 여깁니다. 회사가 공장에서 생산한 제품의 매출이나 평가에 일희일비하는 것과 같은 심리입니다.

처음에는 똥오줌을 가린다거나, 말을 한다거나, 걸을 수 있다는 식의 눈에 보이는 형태로 아이의 능력을 개발하는 데 관심을 기울입니다. 그 다음에는 영어를 구사한다거나, 피아노를 친다거나, 명문학교에 입학했다거나, 역시 눈에 보이는 형태로 아이들의 부가가치를 높이고자 합니다. 아이들에게 부가된 가치를 부모인 자신의 '사업' 성과로 가시적, 외형적으로 과시하려고 하는 한 반드시 그렇게 됩니다. 학력이나 자격과 같은 외형적으로 주위 사람들이 인식할 수 있는 '눈에 보이는 성과' 이외의 것은 육아의 부가가치로 쳐주지 않습니다.

자식이 있으면 이해하시겠지만 본래 육아는 시간이 아주 많이 걸리는 일로, 육아가 성공했는지 실패했는지는 20년이 걸려도 잘 모르는 법입니다. 잘 모르는 게 당연한 일입니다. 육아 노동의 성과를 1~2년 안에 눈에 보이는 형태로 드러내 보이라고 압력을 가해서는 곤란합니다. 짧은 시간에 측정할 수 있는 일이 결코 아니기 때문입니다. 하지만 세상의 부모들은 눈에 보이는 형태로, 수치화할 수 있는 형태로, 정량적인 형태로 육아의 성과를 올리라고 재촉당하고 있습니다. 부모 스스로 이런 압력을 강하게 느낍니다. 그래서 아이들의 성장을 느긋하게 기다릴 수 없게 되었습니다.

아이들은 종종 의미를 알 수 없는 행동을 합니다. 또 까닭 모를 행동도 합니다. 이럴 때 "이 아이가 뭘 하는 걸까?"라며 아무 말 없이 그냥 바라보는 것이 옳은 양육법이라고 저는 생각합니다. 하지만 이런 양육법은 오늘날 허용되지 않습니다.

정신과 의사에게서 들은 얘기인데, 사춘기 때 정신적으로 힘들어하는 아이들의 부모에게 공통점이 있다고 합니다. 아이가 "기분이 좀 나빠요"라거나 "이건 싫어요" 같은 불쾌한 메시지를 발신할 때 부모가 이런 메시지는 선택적으로 배제해버립니다. 아이가 심신에 불쾌감을 느끼고 있다는 정보는, 말하자면 '제품'이 소음을 내고 있는 것과 같기 때문입니다. 제품이 소음을 낸다는 것은 제품 공정에 하자가 있다는 뜻입니다. 이것을 부모는 자신의 '육아 실패'라는 기호로 받아들입니다. 그러니 귀를 막아버리는 것이지요. 평범한 경영자가 자기가 만든 비즈니스 모델이 실패했을 때 거기서 눈을 돌리려고 하는 심리와 비슷합니다.

자격이 없는 경영자는 비즈니스 모델의 실패를 알리는 신호에 눈과 귀를 막아버립니다. 뇌물 사건을 일으킨 기업의 경영자들이 "정보가 위까지 올라오지 않았다"는 변명을 자주 합니다. 이 말은 사실일 것입니다. "경영이 잘 안 되고 있다"는 정보는 위로 올라오지 않습니다. 이것은 경영자의 실패를 의미하기 때문입니다. 경영자는 그런 정보는 듣고 싶어 하지 않습니다. 그래서 부하 직원들은 제대로 된 정보를 전하지 않고, 설령 전했다고 해도 경영자는 못 들은 척합니다.

이와 같은 일이 육아에서도 일어나고 있습니다. 가령 아이들은 몸과 마음에 이상이 오면 위험신호를 보냅니다. 그런데 부모는 그 신호를 청취하면 자신의 육아가 실패했다는 사실을 인정해야 합니다. 인정하기가 싫습니다. 그래서 아이들이 발신하는 '도와주세요'라는 신호에 눈을 감고 귀를 막아버립니다. 이렇게 둔감한 부모와 살고 있는 아이들은 심리적으로 무너집니다.

어린 아이들은 아직 자기가 느끼는 몸과 마음의 불쾌감을 제대로 표현하지 못합니다. 그래서 부모는 아이들이 보내오는 위험신호가 도대체 무슨 뜻인지 잘 알아들을 수 없습니다. 신호가 아니라 소음으로 들리니까요. 하지만 여기에서 부모가 제대로 자기 역할을 해내야 합니다. 바로 아이들이 발신하는 소음을 신호로 변환시키는 일입니다. 아이들과 긴 시간을 함께 지내다보면 어느 순간에 아이들이 내는 소음이 신호로 들리게 됩니다.

이것은 아이가 모국어를 습득하는 과정과 똑같습니다. 아이들은 부모가 지속적으로 해주는 의미 불명의 말들을 분절하여 해독함으로써 마침내 모국어를 습득합니다. 다시 말해 무의미하게 들리던 소음이 의미 있는 신호로 바뀌는 것이지요. 이건 흔히 말하는 커뮤니케이션과는 다릅니다. 커뮤니케이션의 기초가 되는 커뮤니케이션, 커뮤니케이션을 일으키는 커뮤니케이션이라고 할 수 있습니다. 소음을 신호로 변환하는 것은 어떤 의미에서는 '목숨을 건 도약'입니다.


## 배움, 소음을 신호로 변환하기

<u>우치다</u>　소음을 신호로 변환하는 과정, 이것이야말로 배움의 과정이라고 생각합니다. 자기 생각은 일단 보류하고, 아직은 이해가 안 되지만 주의 깊게 듣고 있으면 언젠가 이해할 수 있게 될 것이라는 믿음을 갖고 경의와 인내심을 갖고 메시지를 맞이해야 합니다. 이러한 개방적인 태도로 귀 기울이지 않으면 소음은 결코 신호로 바뀌지 않습니다. 처음부터 소음은 소음이고 신호는 신호라는 식으로 구분하는 사람에게는 소음이 신호로 변하는 순간이 결코 찾아오지 않습니다.

다른 사람의 얘기를 듣는 일도 시간을 함께하는 일이라고 생각합니

다. 다른 사람의 얘기를 듣고 있을 때 흔히 발생하는 일이지만, 상대와 대화 중에 의미를 알 수 없는 소리가 있을 것입니다. 예를 들어 한참 이야기를 나누는데 전철이 지나간다거나, 전철의 굉음으로 상대방의 얘기를 못 듣는 경우가 여기에 해당하지요. 굴다리 밑 포장마차에서 술을 마시다 보면 늘 있는 일입니다. 그런데 무슨 말을 했는지 모르지만 그렇다고 일일이 물어보지는 않습니다. 듣지 못했던 말은 '무슨 말을 했는지 모르는 소리'로 보류해 놓습니다. 잠시 시간이 흘러 이야기의 맥락이 잡히면 '아, 그거였구나' 하고 알게 되지요. 일본말에는 동음이의어가 아주 많습니다. 이런 단어가 문장 앞에 있으면 문장을 마지막까지 듣지 않으면 맨 앞의 주어를 확정할 수 없습니다. 커뮤니케이션은 이런 의미에서 시간적인 현상이라고 생각합니다.

커뮤니케이션은 '처음에 다가온 기호의 의미를 이해하고 그 다음 기호의 의미를 이해하는' 식으로 연속적으로 이루어지는 것이 아닙니다. 문장의 마지막 말을 듣고 비로소 맨 앞의 말이 무엇이었는지 이해하게 되지요. 전부 그렇습니다. 문장의 마지막 말도 맨 처음 말이 무엇인지 모르면 그 의미를 알 수 없습니다. 그래서 실제로 문장의 마지막까지 듣고 나서 처음으로 되돌아가 맨 앞의 말의 의미를 확정하고 다시 문장 끝으로 돌아오는 식으로, 시간 속에서 '왔다갔다' 합니다. 시간은 과거, 현재, 미래 순으로 단선적으로 진행되는 것이 아닙니다. 미래까지 가지 않으면 과거를 확정할 수 없고, 과거가 확정되지 않으면 미래는 성립하지 않습니다. 시간이란 이렇게 빠른 속도로 왕복하는 역동적인 과정입니다.

이것은 음악을 듣는 경험과 견주어 생각하면 이해가 쉽습니다. 음악을 들으면서 리듬과 멜로디를 음미할 수 있는 것은 '이제는 들리지 않게 된 음'이 아직 남아 있고, '아직 들리지 않는 음'의 예감이 들기 때문입니다. 지금 이 순간에 들려오는 음만으로는 음악이 성립하지 않습니다. 과거의 음이 아직 사라지지 않고 미래의 음이 이미 예감으로 들립니다. 이러한 역동적인 과정 속에 있을 때만 음악은 음악이 됩니다. 그러므로 음악을 듣는 것은 '배움'의 기본이 된다고 생각합니다.

공자는 '군자 육예'라고 해서 예절, 음악, 활쏘기, 말 타기, 글 읽기, 셈하기를 들었습니다. 어째서 음악 연주와 감상이 육예에 들어갈 만큼 중요했을까요? 이것은 매우 흥미로운 주제임에도 이를 논한 사람은 별로 없습니다. 시라카와 시즈카* 선생도 어째서 공자가 음악을 가까이 하는 것을 중요하게 여겼는지에 대해서는 특별히 연구하지 않았습니다. 저처럼 평범한 사람이 선현에게 감히 무슨 말을 덧붙이는 게 송구스럽지만, 음악을 듣는다는 것은 시간의 역동 속에서 행동하는 법을 배우는 것이 아닐까 생각합니다. 무시간 모델로는 음악이 들리지 않습니다. 들릴 리가 없습니다. 아무리 훌륭한 음악도, 모차르트나 바흐의 음악도 단독의 음으로는 아무런 의미가 없고 미적 가치도 없기 때문입니다.

산다는 것은 이른바 하나의 곡을 일생 동안 연주하는 것입니다. 어떤 사람이 살아가면서 행한 갖가지 행동과 말의 진짜 의미는 그 곡을

---

*시라카와 시즈카(1910~2006): 한문학자, 문학박사. 일본의 한자 연구의 일인자._역주

마지막까지 듣지 않으면 확정할 수 없습니다. 관 뚜껑을 덮은 후에야 그 사람의 진가를 알 수 있다는 말이 있듯이, 사람은 죽은 후에 비로소 그 사람이 태어나서 지금까지 한 모든 행동의 의미를 알 수 있습니다. 육예의 하나로 '음악'을 들었던 이유는 '시간 의식을 갖기', '인간은 시간 속의 존재임을 아는 것'이 지성의 기초라는 것을 그 먼 옛날 성현은 숙지하고 있었기 때문이 아닐까요?

육아 얘기로 돌아와 생각해보면, 자식을 기르는 일은 음악을 듣는 경험과 어떤 의미에서 깊은 연관이 있다고 생각합니다. 아이가 내지르는 소음도 어떤 '문맥' 안에 있으면 비로소 '음악'으로 들리게 되니까요. 앞에서 말한 '소음이 신호가 되는' 과정은 이런 맥락입니다. 시간을 두고 기다리지 않으면 멜로디 구조를 알기까지 개개의 음이 무엇을 의미하는지 알 수 없습니다. 마찬가지로 아이가 내지르는 해독 불가능한 기호도 어떤 문맥 속에 놓으면 단번에 알아듣게 되는 일이 일어납니다. 그래서 부모에게 요구되는 것과 교향악을 주의 깊게 듣는 청취자에게 요구되는 것이 같습니다. 어느 음절의 아름다움을 그 소절을 다 듣기 전까지는 알 수 없듯이, 아이가 내는 소음을 신호로 변환하기 위해서는 한 마디라도 소홀히 넘기지 않도록 끝까지 경의감와 인내심을 갖고 조용히 귀 기울여야 합니다.

이렇게 생각하면, 아이를 '제품'으로 여기고 여기에 외형적이고 수량적인 부가가치를 덧붙여 이것을 부모의 성과로 주위에 보여주겠다는 발상이 얼마나 위험한지 알게 될 것입니다. '제품'은 노래하지 않지만, 아이들은 노래하고 있기 때문입니다. 아이가 내는 소음을 노래로 들어

줄 수 있는 사람은 이 세상에 부모밖에 없습니다.

## 결코 세계화될 수 없는 영역

히라카와    가능한 여러분들의 의견이나 질문을 많이 듣고 싶으니 저는 마지막으로 한 가지만 더 질문하겠습니다. 우리는 우치다 선생님 말씀과는 달리, 비즈니스 세계에 어떻게 하면 무시간 모델을 더 잘 들여놓을 수 있을지 고심하고 있습니다. 근데, 만약 무시간 모델이 일단 도입되어버리면 어떻게 되나요? 그러니까 무시간 모델도 우리가 사용하기에 따라 달라지는지, 아니면 비즈니스 세계도 단순히 경제적 효율만 따질 것이 아니라 좀더 다양한 요소들을 고려해야 할지요?

우치다    물론 비즈니스를 한다면 무시간 모델이 좋습니다. 비즈니스가 즐거운 이유도 바로 비즈니스가 무시간 모델이기 때문입니다. 비즈니스가 실제의 인생과 다른 점은 행위에 대한 반응이 즉각적이라는 데 있습니다. 자신의 선택이 성공인지 실패인지, 시장 반응으로 바로 압니다. 그리고 '시장은 실수하지 않는다'는 말은 비즈니스의 경우, 게임에 참여하는 선수들 모두가 인정하는 규칙입니다. 행동에 대한 반응이 거의 실시간으로 돌아오고 동시에 그 반응이 가져오는 성패의 판단이 결코 틀리지 않습니다.

  이런 일은 보통의 인간관계에서는 있을 수 없는 일이지요. 육아처럼 긴 시간이 걸리는 일은 당연히 그러하고, 연애 역시 그렇습니다. 어제는 이렇게 말해서 상대의 기분이 좋았는데 오늘은 같은 말을 했더니

화를 내는 경우는 흔히 있는 일입니다. 일이 실패했다면 '시장은 틀리는 일이 없으니' 얌전히 물러나는 수밖에 없지만, 인간관계에서는 그렇지 않습니다. 상대방이 다른 일 때문에 화를 내거나, 단순히 졸리거나 배가 고픈 것 같은 아주 작은 자극의 입력 차이로 반응이 전혀 달라질 수 있기 때문입니다. 그래서 아무리 생각해도 뭘 잘못했는지 모르겠는 그런 상황이 벌어집니다.

그에 비해 비즈니스는 아주 단순한 게임입니다. 흔히 세상의 아내들이 "나랑 일 중에서 어느 게 더 중요해요?"라며 화가 나 따지기도 하지만, 남편들이 일을 더 우선시 하는 이유는 일이 훨씬 더 단순하고 자신의 행위에 대한 성패 반응이 즉시 나오는 게임이기 때문일 것입니다.

우리가 무시간 모델에 끌리는 것은 이 모델이 많은 쾌락을 제공하기 때문이죠. 이익이 없으면 인간은 어떤 일도 하지 않습니다. 예전에 증권회사에서 숫자를 잘못 입력하는 바람에 어떤 사람이 수십억 원을 벌었다는 얘기가 있습니다. 단 몇 분 만에 말이지요. 이런 것이 무시간 모델, 비즈니스의 전형이라고 보면 됩니다. 키보드를 몇 번 두드렸을 뿐인데 은행계좌에 10자리 숫자가 죽 늘어서는 것처럼, 입력과 거의 동시에 거대한 출력이 눈앞에 나타나는 것이 무시간 모델, 비즈니스의 이상입니다.

이러한 짧은 시간의 활동은 인간에게 강렬한 쾌감을 선사합니다. 인간이 살아가는 데 무시간적인 활동이 주는 쾌감은 반드시 필요합니다. 이러한 짜릿한 쾌감이 때때로 있어주지 않으면, 저 역시 살아갈 수 없습니다. 하지만 무시간 모델의 함정은, 우리 기분을 좋게 하지만 '그것으로 끝'이라는 데 있습니다.

유사 이래 지금까지 인간사회에서 무시간 모델의 활동은 결코 지배적인 형태가 아니었습니다. 수렵생활이든 농경생활이든, 노동에서 수확에 이르는 사이에 나름대로의 시간 차가 있습니다. 그런데 산업구조가 바뀌면서 입력과 출력 사이의 시간 차가 점점 줄어들게 됐습니다. 사회활동 전체가 고속화되었습니다. 저는 이것이 세계화라고 생각합니다. 모든 단위가 규격화, 표준화되어 모든 재화와 서비스, 정보가 빠른 속도로 전 세계를 돌고 있습니다. 아주 천천히 진행되고 오랜 시간에 걸쳐 숙성되는 재화는 오히려 예외적인 것이 되어가고 있습니다.

1차 산업 종사자는 어느 곳이나 그 수가 줄어들고 있습니다. 임업은 후계자가 없어서 앞으로 몇십 년 안에 사라질지도 모릅니다. 노동이 힘들고 수입이 적다는 것 외에도, 나무를 심고 키워서 벌목하고 마침내 수확의 기쁨을 맛보려면 백 년이라는 턱도 없는 시간이 걸리기 때문입니다. 키보드를 치면 몇 분 안에 거액의 수입을 올릴 수 있는 시대에 몇 세대가 지나서야 성과를 거둘 수 있는 사업은 세계화에서 논외가 될 수밖에 없습니다. 하지만 실제로 인간사회의 기반이 되는 일은 이런 아득할 정도의 긴 시간이 걸리는 일입니다. 많은 사람들이 이 중요한 사실을 잊고 있다는 겁니다.

히라카와 　그렇군요. 좀더 묻고 싶은 것이 있지만 이제는 여러분들도 하실 말씀이 많을 것 같아 제 질문은 여기서 멈추고 여러분의 질문을 받기로 하지요. 자유롭게 말씀하셔도 좋습니다.

# 사제 관계의 조건

A  저도 일본의 장래를 생각했을 때 아이들의 교육이 가장 큰 문제라고 봅니다. "교육이 등가교환이어야 하는가?"라는 우치다 선생님의 제언에는 크게 공감합니다.

교사와 학생의 관계는 어떤 것으로도 측량할 수 없는 관계입니다. 교사는 학생들로부터 존경을 받고 그 값에 상응하는 열정이 학생들에게 전해지는, 등가교환이니 뭐니를 논하기 이전 문제가 아닐까 하는 생각입니다. 대학에 대해서는 우치다 선생님께서 말씀하신 게 이해가 가는데, 중학교, 고등학교까지의 교육은 조금 다르지 않을까 합니다. 이에 대해 선생님이 느끼신 점을 좀더 들려주시면 좋겠습니다.

우치다  〈스타워즈 에피소드3-시스의 복수〉를 시사회에서 볼 기회가 있었습니다. 스타워즈 시리즈 여섯 편을 통틀어 이 영화의 주제가 다름 아닌 사제관계라는 것을 알게 됐습니다. 미국인은 '사제관계를 통한 기예의 전승'에 대해 그다지 관심이 없는 줄 알았는데 〈스타워즈〉가 이 사제관계를 정면으로 다루고 있다는 게 아주 흥미로웠습니다.

영화 속에서는 여러 사건들이 일어나지만, 가장 흥미로운 부분은 '제다이 기사'에게는 저마다 '멘토'가 있고 멘토에게는 반드시 제자가 한 명 있다는 구도였습니다. 스타워즈 2편과 3편에서는 청출어람의 얘기가 한 축을 이룹니다. 아나킨 스카이워커가 오비원 케노비보다 강해집니다. 그리고 "내가 더 재능이 있다. 내가 스승보다 더 강하다"고 말하며 악의 길로 빠지게 됩니다. 제자가 스승의 기예를 자신의 기예와 비교 측량할 수 있다고 생각할 때 사제관계는 깨어집니다. 아나킨은 오비원보다 더 강한 멘토를 찾아 스승의 곁을 떠나고 은하황제와 한패가 됩니다. 이렇게 해서 아나킨 스카이워커는 '다크사이드 포스'의 인도로 점점 더 강한 힘을 얻게 되지요. 하지만 마지막에 스승 오비원과 대결했을 때 그는 처절하게 무너집니다. 나는 그 장면이 꽤 의미심장하다고 생각하면서 감동을 받았습니다.

이런 이야기에서 너무 단순한 메시지를 뽑아내는 것은 좋지 않지만, 그래도 굳이 말씀드리자면 '스승의 조건'은 한 가지면 된다는 것입니다. '스승의 조건'은 '그 자신이 또 스승을 갖는' 것입니다. 다른 사람의 스승이 될 수 있는 단 하나의 조건은 그 스승 또한 누군가의 제자였던 적이 있을 것, 이것 하나만으로 충분합니다.

저는 제자로서 스승을 모시고 자신의 능력이 무한으로 초월하는 존재와 연결되어 있다는 감각을 느껴본 적이 있습니다. 무한으로 이어지는 긴 흐름 속에서 저는 하나의 고리였습니다. 단 하나의 고리에 지나지 않지만 제가 없으면 이 긴 사슬이 끊어져버린다는 자각과 함께 강렬한 사명감을 품었던 적이 있었습니다. 이러한 감각을 가지는 것이 스승이 되는 유일한 조건이라고 생각합니다.

제자가 스승의 기량을 뛰어넘는 일은 얼마든지 있을 수 있습니다. 스승을 뛰어넘어도 상관없습니다. 긴 사슬에는 큰 고리도 있고, 작은 고리도 있습니다. 두 개가 나란히 연결되어 있는 고리에서 뒤의 것이 크다고 해도 사슬의 연속성에는 문제될 게 없습니다. 하지만 제자가 "내가 스승을 뛰어넘었다"고 하면서 사슬에서 빠져나와 자신이 하나의 고리임을 그만두면 그때는 문제가 달라지지요.

아나킨에게 배신을 당한 뒤에도 스승 오비원은 제다이의 '기사도'와 이어지고 있습니다. 오비원의 스승인 요다에게 품은 깊은 경의는 조금도 변하지 않습니다. 그래서 제자 아나킨에게 배신을 당하고도 오비원은 계속 성장할 수 있었습니다. 스승을 뛰어넘었다고 생각한 순간에 아나킨의 성장은 멈췄지만, 스승은 초월할 수 없다고 믿는 오비원의 성장은 멈추지 않습니다. 지금 말하고 있는 '성장'은 계측 가능한 기량을 의미하는 게 아닙니다. 일종의 개방성이라고 해도 좋습니다. 내 안의 어딘가에 외부로 이어지는 '문'이 열려 있는 것입니다. 나이를 먹든 체력이 쇠퇴하든 항상 나와 다른 것, 나를 초월하는 무엇을 향해 열려 있습니다. 이렇게 해서 내 안으로 흘러들어오는 것을 받아들여서 다음 세대에게 흘려 보냅니다. 이렇게 연결하는 일이 나의 역할임을 알고 있다는 것입니다.

이와 달리 아나킨은 "내가 스승보다 더 강하다"고 생각하며 그 '문'을 닫아버립니다. 자기완결을 해버린 것이지요. 자기완결을 이룬 '근대적 자아'로서 자립합니다. 그런데 근대적 자아인 아나킨은 전근대적인 사제관계를 고수하는 오비원에게 패합니다. 나는 그때 '참 잘 만든 영화로군. 조지 루카스도 뭔가 아는 사람이구나' 하고 생각했습니다. 어떻게 미국인이 이런 걸 알고 있을까 궁금했는데 알고 보니 조지 루카스 감독에게도 '스승'이 있었습니다.

그 스승은 바로 구로자와 아키라 감독이었습니다. 그러고 보니 〈스타워즈〉는 구로자와 감독에게 보내는 오마주라는 사실을 알게 되었습니다. 더 놀라운 사실은 〈스타워즈〉의 원 소재가 구로자와의 〈스가타 산시로〉였다는 것입니다. 〈스가타 산시로〉는 강도관 유도의 창시자인 카노 지고로와 강도관 사천왕의 한 사람인 제자 스가타 산시로(본명은 사이 고시로)의 고집스런 수련 과정을 그린 드라마입니다. 카노 선생이 오비원 케노비이고, 산시로가 아나킨 스카이워커, 요다는 '사이즈치 화상'인 셈이지요. 〈스타워즈 에피소드 5〉에서 늪에 몸을 반쯤 담그고 '포스' 훈련을 하는 루크 스카이워커를 호통치는 요다의 모습은 늪에 빠져 머리만 내놓고 있는 산시로에게 "너 같이 멍청한 놈은 죽어도 싸다"며 호통을 치는 사이즈치 화상을 그대로 재현하고 있습니다.

저는 영화 얘기만 나오면 금세 흥분하는 사람이라 이쯤에서 멈추겠습니다. 어쨌든 조지 루카스 감독은 미국인으로서는 드물게 사제관계의 역학과 극작술에 깊은 흥미를 갖고 있는 사람입니다. 조지 루카스가 내린 결론은 '스승을 갖지 않는 자는 패한다'는 것입니다. 사제관계에서 기량이 얼마나 뛰어나고 무엇을 알고 있는지 따위의 수량적인 문제는 중요하지 않습니다. 스승으로부터 전통을 계승하고 제자에게 그전통을 전수한다, 극단적으로 말해 스승의 역할은 이것 하나입니다. 누구나 '선인에게서 전수받고 후대에 물려주는' 스승의 역할을 해낼 수 있습니다.


## 교육자에게 필요한 조건

우치다   또 영화 얘기가 나와서 미안합니다만, 저는 '사제관계'를 다룬 영화를 무척 좋아합니다. 영화 속에서 학생이 "선생님!" 하면서 교정을 뛰어가는 장면만 나와도 감동의 눈물을 흘립니다. 키노시타 케이스케 감독의 영화 〈24개의 눈동자〉가 있습니다. 어렸을 때 이 영화를 보고 펑펑 울면서 "선생님은 정말 멋진 분이구나" 하며 감동한 적이 있습니다. 그러면서 "나도 선생님이 되겠다"고 결심했습니다. 이 영화를 최근에 다시 한 번 보게 되었는데 저는 깜짝 놀랐습니다.

잘 아시다시피 타카미네 히데코가 오이시 선생님 역을 맡았습니다. 40년 만에 다시 보았지만 오이시 선생님은 정말 말도 안 되는 선생님이더군요. 그녀는 여학교를 막 졸업한 젊은 교사였는데, 사실 교사로서는 아주 무능했습니다. 교과서 내용을 가르칠 정도는 되지만 아이들이 상담을 하러 오면 제대로 말도 하지 못합니다. 설정이 1928년도인데, 음악학교에 가고 싶어 하는 학생과 오이시 선생은 아이의 어머니에게 간청을 하기 위해 만납니다. 그런데 그 어머니가 "그건 안돼요" 하자 선생은 아이에게 "어머니가 안 된단다" 하고는 그걸로 끝입니다. 가난한 집의 아이들이 어딘가로 일하러 간다는 말을 들어도 "가여워라" 하면서 그저 눈물만 흘립니다. 전쟁이 시작되어 제자들이 전쟁터로 나가고 그 중 한 아이가 실명을 해서 돌아왔는데 이때도 "가여워라" 하면서 함께 울기만 합니다. 다시 말해 아이들의 인생에 전혀 도움이 되지 못하고 그저 어쩔 줄 몰라하며 울기만 하는 선생이었습니다. 당시에는 이런 모습이 이상적인 교사로 그려지고 있었습니다. 지금 이 영화를 상영하면 아마 학부모들은 화를 낼 것입니다. 틀림없이 "교사로서 책임감이 전혀 없는 사람이다"고 말할 것입니다.

하지만 중요한 점은 '교사로서의 책임감이 전혀 없는 사람'이 전쟁이 일어나기 전 일본에서 최고의 교육자로 활동했다는 사실이지요. 지금이라면 대학 2학년생 정도의, 믿음직스러운 구석은 손톱만큼도 없는 사회 초년생에게 아이들은 온몸을 맡기듯 기대고, 오이시 선생 역시 필사적으로 받아주려고 합니다. 결과적으로 받아주지는 못했지만 어쨌든 노력은 합니다. 이것만으로 교육은 제 기능을 하고 있었습니다.

예전에는 선생님은 훌륭한 사람이라고 말했습니다. 하지만 저는 그말은 틀렸다고 생각합니다. 오이시 선생이 지금 초등학교에 오면 지도력 부족으로 아마도 그 반은 순식간에 아수라장이 될 것입니다. 하지만 그런 선생이 이상적인 교사 역할을 수행했습니다. 그런 사제관계의 역학이 1920년대까지는 제대로 기능을 했기 때문입니다. 다시 말해 개인의 역량 문제가 아니라 제도로서 기능했다는 말입니다.

당시에는 교사를 기르는 데 드는 비용이 지금의 몇 분의 일이면 되었기 때문에 이것은 굉장히 '연비가 좋은' 교육 방법이었습니다. 지도력이 부족한 교사가 훌륭하게 아이들을 길러낼 수 있었지요.

그렇다면 요즘엔 무엇이 변한 것일까요? 아나킨 스카이워커가 빠졌던 것과 같은 함정에 일본인이 빠져버렸기 때문입니다. 즉, 교사의 기량을 계량 가능한 능력이라고 생각하게 되었기 때문입니다. 교과 내용에 통달하고 교육 기술이 탁월하면 교사로서 가능하지만, 그런 능력이 없으면 교육할 수 없다는 식으로 생각한 것입니다. 이렇게 첫 단추가 잘못 끼워졌습니다.

드라마 〈3학년 B반 킨파치 선생〉에서 킨파치 선생도 꽤 문제가 많은 교사입니다. 그 선생님은 자신의 일상생활을 희생하면서 아이들을 위해 분주하게 뛰어다니는 슈퍼 교사이지만 부조리하게도 굉장히 불안정한 평가를 받습니다. 〈킨파치 선생〉에서는 반 아이들이 문제를 일으켜 학부모들이 킨파치 선생을 성토하는 장면이 아주 많이 나옵니다. 참으로 안됐다는 생각이 들 정도입니다. 백 명이 성공해도 한 명이 실패하면 '형편없는 교사'라는 낙인이 찍힙니다. 슈퍼맨 교사는 죽을 때까지 슈퍼맨일 것을 요구받습니다. 왜냐하면 여기서도 교육이 등가교환이기 때문입니다.

선생님이 학급 아이들을 무사히 졸업시키면 그것으로 거래는 끝납니다. 또 다음 해는 처음부터 다시 시작하고 기대한 바대로 교육 서비스를 제공하면 교사는 아이들과 부모로부터 비난과 질책을 면할 수 있습니다. 하지만 질책만 면할 뿐 존경받는 일은 거의 없습니다. 그러나 만약 하나를 잘못하면 부모로부터 원성을 들을 각오를 해야 합니다. 이렇게 빡빡하고 스트레스가 많은 상황에서도 일본 사회의 교사는 책임을 다해야 합니다.

저는 왜 교사에게 불리한 것들이 집단적으로 채용됐는지 정말 이해가 안 됩니다. 왜냐하면 교사, 학생, 학부모 모두 아무런 이익을 얻을 수 없기 때문입니다. 좋은 교사의 조건을 굳이 열거하자면 항목은 끝없이 늘어납니다. 이런 항목을 만들기 때문에 교사도 힘들어지고 아이도 부모도 "이 항목이 결격이니까 좋은 교사가 아니다" 식의 뺄셈 평가를 하게 되는 것이지요. 교사의 능력을 인위적으로, 계량적으로 따진다면 이 세상에 '좋은 교사'는 한 사람도 없습니다.

교육자에게 필요한 것은 하나로 족합니다. '스승을 갖는 것,' 그거면 됩니다. 스승이 꼭 전문교육을 받은 사람일 필요는 없습니다. 책을 통해서 얻은 스승이거나 몇 년 전에 죽은 사람이지만 소문으로 듣기에 이런 훌륭한 선생님이 있었다는 것을 알았다 해도 상관없습니다. '사숙'은 어떤 형태로든 가능합니다. 교육을 재구축하는 일은 사제관계의 역동성, 개방성을 회복하는 데서 시작해야 합니다. 이것은 마인드만 바꾸면 될 뿐 비용이 따로 들지 않는 일입니다.

A　저도 기본적으로는 사제관계라고 생각합니다. 비즈니스 세계에서도 일을 제대로 하는 데는 사제관계가 더러 보입니다. 뛰어난 리더가 있으면 그 리더를 모두가 존경하고 구심력이 생기지요. 존경받는 스승이 있으면 그 분 밑에 사람들이 모여 하나의 팀을 이루는 것이 가장 효율이 높습니다. 앞에서 개성과 자아에 대한 얘기가 있었는데, 개성을 표출하는 희열과 함께하는 데서 오는 즐거움을 비교하자면 후자의 기쁨이 더 크다고 생각합니다. 일본식 경영에는 지금의 학교교육, 사제관계와 통하는 바가 많이 있다는 생각이 듭니다.


## 누군가를 존경한다는 것

히라카와　그 경우의 비즈니스 리더는 결코 슈퍼 비즈니스맨이 아닙니다. 이것이 핵심이지요. 뛰어난 리더는 슈퍼 비즈니스맨이 아닙니다.

우치다　선생님도 저도 무도를 하기 때문에 잘 아는 얘기지만, 무도에서는 제자가 기량에서 스승을 뛰어넘는 일이 얼마든지 일어납니다. 가라테로 말하자면, 원래는 오키나와에서 네 명의 선생이 전파한 운동으로, 지금 일본에는 2백 개의 유파가 있습니다. 왜 이런 일이 일어나느냐 하면, 기량이 좀 올라가면 이 사부에게서 배울 게 없다고 생각하고 독립해서 따로 유파를 만들기 때문입니다. 하지만 그도 그럴 것이 인간은 나이가 들면 체력이 떨어져 속도와 힘에서 제자의 기량에 뒤처지는 경우가 많습니다.

그런데 무도를 제대로 아는 사람들에게는 이런 일이 일어나지 않습니다. 스승은 절대적입니다. 예를 들어 제가 기술에 대해 질문하면 "이렇게 한다고 나는 생각한다"라고 말씀하시지 않습니다. 대신 "나는 스승님한테서 이렇게 들었다"고 말씀하십니다. 절대로 사견을 말씀하시지 않습니다. 스승은 단언하지 않습니다. 히라카와 선생님이 하신 이야기와도 관련이 있습니다만, 스승은 "나는 그렇게 배우지 않았다"고 말씀하십니다. 이 말의 무게를 담보하는 것은 역시 역사입니다. 이런 사제의 역사가 있습니다. 그 역사의 가치를 어떻게 측량할 수 있겠습니까? 여기에다 경제적 합리성을 대입하면 사제관계는 일시에 무너집니다. 무너뜨리는 것은 정말로 간단하지요. 다카노 하나라는 스모 선수가 바로 그렇습니다. 스승은 절대적이라고 말하면서 그가 하는 언동은 경제적 합리성에 준거하고 있습니다. 그건 사제관계를 잘못 받아들이는 것이라고 생각합니다.

A    저도 슈퍼맨이 아니더라도 존경받는다는 사고가 원점에 있어야 한다고 생각합니다. 존경이란 하루아침에 생기는 것이 아니라 역사가 쌓이고 쌓여서 그런 관계가 구축되는 것이지요. 스승은 직접적으로 대답하지 않고 넌지시 시사한다고 말씀하셨지만, 스승도 여러 스타일

이 있어서 스승이 무슨 말을 해도 제자가 존경하는 마음만 있으면 스승이 스승으로서 기능할 수 있다고 생각합니다.

히라카와   그렇습니다.

우치다   A씨가 말씀하신 것처럼 다른 사람에게 존경받는 방법은 하나밖에 없습니다. '사람을 존경한다는 것이 무엇인지'를 몸으로 보여주는 것이지요. 그 사람에게 존경을 표시하는 방법을 우리들은 그 사람이 타인에게 경의를 표하는 법을 통해서 배우기 때문입니다. 그래서 타인을 존경한 적이 없는 사람은 타인으로부터 존경받지 못합니다.

흔히 "우리 아이는 말버릇이 고약하다"고 불평하는 부모가 있습니다. 이런 말을 하는 부모를 보면 대부분 언어습관이 좋지 않습니다. 아이가 예의가 없는 것은, 다른 사람을 예의바르게 대하는 어른을 가까이에서 본 적이 없기 때문입니다. 경의라든가 배려는 경험을 통해서 배웁니다. 존중받아본 적도 없고 애정을 받아본 적도 없는 아이가 경의와 애정을 표현할 리 만무하지요.

사제 관계의 본질은 지적하신 대로 '무한한 존경'입니다. 하지만 '무한한 존경'을 보통의 아이들은 본 적도 들은 적도 없습니다. 무한한 존경은 저절로 배워지는 게 아닙니다. 어딘가에서 학습을 해야 합니다. 어딘가에서 '무한한 존경'을 실제로 실천하는 사람을 만나고, 그 사람이 존경심을 가지고 있음으로 해서 얼마나 큰 기쁨을 누리고 있는지 눈앞에서 확인하는 수밖에 없습니다. 사람을 존경함으로써 얻는 기쁨은 어떤 파장이나 아우라를 발산하기 때문에 가까이에서 이런 사람을 보면 체감할 수 있습니다. 누군가를 존경할 때 생겨나는 기쁨은 말로 표현할 수 없습니다. 실제로 그것을 느끼는 사람을 직접 보는 수밖에 없지요.

팔짱을 끼고 몸을 뒤로 젖히고 앉아서 거만하게 "나는 너의 스승이니 존경해라"고 말한들 제자는 겉으로만 존경하는 체할 뿐입니다. 그렇게 경의를 표하는 '척'은 할 수 있지만 마음에서 우러나는 것이 아니어서, 존경할 만한 사람을 만났을 때 얻을 수 있는 행복감은 당연히 생기지 않습니다.

커뮤니케이션은 설명서를 보며 학습할 수 있는 것이 아닙니다. 눈앞에서 실제로 사람이 어떻게 경의를 표하고, 어떻게 거리를 두고, 어떻게 묻고, 어떻게 제의를 거절하는지 실제로 체험하는 수밖에 없습니다. 지금 젊은이들이 커뮤니케이션 기초가 안 되어 있는 이유는 그들 탓이 아닙니다. 그들이 자란 환경이 그렇기 때문이지요. 올바른 존댓말을 쓰는 사람과 존경받는 어른을 거의 본 적이 없기 때문입니다. 아이들에게 연장자에 대한 경의를 가르치고자 한다면 연장자가 자기보다 더 어른인 사람에게 경의를 표하는 모습을 아이들에게 보여주어야 합니다. 이런 방법이 아니면 결코 가르칠 수 없습니다.

학교에서 운동복을 입고 슬리퍼를 질질 끌면서 죽도를 휘두르는 교사가 "야, 임마!" 하고 소리를 높이며 학생들을 통제한들, 이때 학생들이 교사로부터 배우는 것은 아랫사람을 폭력적으로 위협하는 방법이지 결코 경의를 표하는 방법은 아닙니다. 자신을 힘들게 한 사람의 행동은 시간이 지나도 기억나고 모방할 수 있지만, 잘못한 자신의 행동은 기억나지도 않고 재현도 안 됩니다. 자신이 저지른 유쾌하지 못한 경험은 가능한 한 빨리 잊고 싶기 때문이지요. 교사가 학생에게 존댓말을 쓰면 학생은 금방 존댓말을 익힙니다. 집에서 부모가 서로 존댓말로 대화하면 아이들은 다른 사람한테서 듣는 것보다 더 빨리 존댓말을 익힐 수 있습니다.

히라카와   오즈 야스지로의 영화를 보면 부부가 늘 서로 존댓말로 대화를 합니다.

A   그게 좀처럼 잘 되지 않더군요.

우치다   사실 앞 세대들은 선수를 칠 수 있다는 이점이 있습니다. 내가 다른 사람에게 보이는 행동을 뒤에 올 세대가 모방합니다. 내가 하지 않는 일을 남에게 시키기는 어렵습니다.

히라카와   우치다 선생과는 초등학교 때 알았는데, 그때 둘이서 짓궂은 장난을 많이 쳤습니다. 그 후에는 거의 만나지 않다가 대학을 졸업할 무렵 우연히 같은 곳에서 아르바이트를 하다가 다시 만났습니다. 그후 내가 '아반 트랜스레이션'이라는 회사를 세울 때 우치다 선생에게 함께 하자고 제의해 같이 회사를 설립했습니다. 이 회사는 해마다 매출이 두 배 이상 늘어날 정도로 성공했는데, 회사를 시작할 때만 해도 우리는 비즈니스에 대해 아무것도 몰랐습니다.

재미있는 에피소드가 있습니다. 우치다 선생과 기억이 다를 수도 있지만, 하루는 함께 007 가방을 샀습니다. 그 이유는 007 가방이 멋져 보였기 때문이었습니다. 또 동시에 오토바이도 구입했지요. 오토바이 뒤에 007 가방을 묶고 거래처를 돌면서 자본주의가 어떤 식으로 돌아가고 있는지 알고 싶었습니다. 당시는 자본주의에 반대하던 시절이었던 터라, 그저 우리가 그동안 알지 못했던 그 세계의 정체가 몹시 궁금했던 거죠. 그렇게 알고 싶어서 열심히 파고들었는데, 그러다보니 어느 날부터 주문이 쏟아지기 시작했지요.

당시 '이토츄'나 '마루베니' 같은 회사에서 주문이 들어왔습니다. 우리가 고객과 얘기를 할 때면 느껴지는 게 있었는데, 그들이 보기에는 우리 모습이 아무래도 부러웠던 모양입니다. "당신들은 왜 그렇게 행복해 보이지요? 돈도 별로 없어 보이는데…"라는 말도 들었습니다. 우리는 청바지를 입고 일했는데, 그 점이 그들에게 재미있게 보였던 것 같습니다. 우리는 정말 너무 즐거웠습니다. 무슨 까닭인지 잘 알 수는 없지만 우리가 즐거우면 상대방도 "일을 좀 줘볼까?" 하면서 일을 줍니다. 나보다 행복해 보이는 사람이 있다는 게 아무래도 신경이 쓰였나 봅니다.

일의 원동력이라고 할까요, 무엇 때문인지 모르지만 즐거워하는 사람이 있으면 왜 즐거운지 궁금해집니다. 이 기본적인 궁금증은 전혀 달라지지 않았지만, 언젠가부터 "저들이 즐거워 보이는 것은 나보다 돈을 많이 가지고 있기 때문일 거야"라는 식으로만 생각하게 되었습니다. 돈이 있으니까 롯본기 힐스(도쿄에서 부자들이 많이 사는 동네_역주)에 살고, 비싼 와인을 마시고, 맛있는 요리를 먹는다고 생각합니다. 그런데 사실은 그렇지 않습니다. 일이 '즐겁다'고 하는 데에는 여러 가지 의미가 있는 법인데 '돈이 있기 때문에'라는 단 한 가지 이유로만 생각하는 경향은 좀 문제가 있지요. 왜 즐거운지는 말로 잘 표현할 수 없는 것입니다.

무슨 일이 일어날 때 그 계기에는 커다란 의문부호가 붙습니다. "무엇일까?" 궁금해하는 지점에서 무언가가 시작됩니다. 저도 영화 얘기를 하나 해보겠습니다.

〈베스트 키드〉라는 영화가 있습니다. 허약한 미국 아이가 동양계 스승에게 가서 "가라테를 가르쳐 주십시오" 하자, "그러면 벽에 페인트칠을 하거라"는 스승의 말을 듣고 느릿느릿 마지못해 페인트칠을 합니다. 그 청년은 스승의 깊은 뜻을 모릅니다. 그런데 칠을 하면서 붓을 올리고 내리고 하는 손목 동작으로 상단받기를 터득하게 됩니다. 처음에는 "왜 이런 시시한 일을 시키는 거야"라며 스승의 불합리한 주문에 화를 내다가 시간이 지나면서 차츰 깨닫게 되지요. 그것을 말로 설명하자고 하면, 체험이라는 언어를 사용하면 설명할 수 있겠지만, 지금 하자니 도무지 멋이 없어서…. B씨는 어떻게 생각하십니까?

B    아까 말씀하신 얘기와 다소 의견이 다른데, 부모 또는 가정이 학교, 특히 의무교육에 너무 큰 기대를 걸고 있는 것 같습니다. 전후 60년간 민주주의를 표방했는데 어느 순간 보니 사회주의 국가가 되어 있었습니다. 전후 우리가 교육을 받았을 때는 전쟁으로 한번쯤 좌절을 겪은 사람들이 학교 선생이 됐습니다. 그 사람들이 "너희들은 좋아하는 일을 해라" 또는 "꿈을 향해 달려라" 같은 엉뚱한 소리를 해서 이렇게 되어버린 것은 아닐까 생각합니다.

그 선생님들 중에는 가장 현실적인 말을 해준 분도 계셨습니다. 전쟁 얘기는 전혀 하지 않았지만, 아이들 마음에 무언가 인간적인 온기를 느끼게 해준 선생님이신데, 저는 자주 두들겨 맞았습니다. 그때 눈물을 흘리면서 때리던 선생님을 기억합니다. 그 선생님이 우리를 괜히 때린 게 아니라 무슨 깊은 뜻이 있었다고 생각합니다.

우리가 학교에 다닐 때는 선생님이 될 만한 자질이 있는 분이 별로 없었습니다. 그런 현실을 인정하고 선생님들께 너무 많은 걸 기대하지 않는 편이 좋지 않을까요?

## 항의하러 달려오는 부모

<u>우치다</u>  말씀하신 대로 전후에는 "선생질이나 할까", "교사밖에 할 게 없다"는 조롱조의 말이 나올 정도로 교사는 그리 할 만한 일이 아니었습니다. 하지만 지금은 사정이 다릅니다. 교사는 아주 인기 있는 직업입니다. 모든 대학의 교육학부는 학생들이 몰리는 인기학과입니다. 교사자격증을 따려고 해도 경쟁이 치열해서 웬만해서는 교사가 될 수 없습니다. 다른 직장과 달리 회사가 도산할 염려도 없기 때문에 생활이 안정되고 노는 날도 많아서 교사의 길을 택하는 학생들이 늘었습니다.

현직 교사의 말을 들어보니, 시험에서 경쟁률이 무척 높아지다 보니 시험성적이 좋은 사람만 교사가 된다고 합니다. 교사로서의 적성은 부차적이 된 것이지요. 의사 경우도 마찬가지지만, 직업에는 적성이란 게 있어서 한마디로 그 직업을 통해 뭔가 사회에 도움이 되고 싶다는 사명감을 뜻합니다. 그런데 이런 것과는 관계없이 학력만으로 자격을 정하게 됐습니다. 몇십 대 일이나 되는 경쟁 상대를 밀어내고 교사가 되기 때문에, 경쟁에서 이긴 자가 사회적으로 유리한 위치를 점할 수 있

다는 경쟁원리에 동의하지 않으면 교사가 되기 어렵습니다. 그렇기 때문에 약육강식의 시장원리에 저항할 논리가 통하지 않는 교사들만 있는 것은 어떤 의미에서 당연한 일입니다. 우리가 어렸을 때는 전쟁터에서 돌아온 교사, 전쟁 중에 교사가 부족해서 임시로 채용된 교사같이 질적으로 들쭉날쭉했습니다. "어떻게 이런 사람이 선생님이 되었을까!" 하고 아이들이 기겁할 정도로 이상한 사람도 있었습니다. 하지만 교육 현장은 균질적이 아니라 사연을 알 수 없는 사람들로 시끌벅적해야 원활하게 기능한다고 저는 믿습니다. 그런데 오늘날 일본의 학교 교사는 제도적으로 아주 균질성이 높습니다. 그리고 지배적인 가치관에 순종하는 사람들이 다수를 차지하고 있지요.

또 현직 선생님들의 얘기를 들어보면, 가장 먼저 하는 불평이 "학부모들이 너무 야단스럽다"는 것입니다. 아이들에게 무슨 일이 생기면 제일 먼저 학교에 항의하러 달려옵니다. 특히 40대 학부모가 가장 야단스럽다고 하더군요. 한 예로 아이가 계단에서 미끄러져 넘어져도 "왜 미끄러지도록 계단을 방치했는가! 이건 학교의 관리 책임이다" 하며 항의하러 온답니다. 아이에게 "좀더 주의해서 다녀라"고 말하기 전에 학부모는 학교의 관리 책임부터 묻습니다.

일전에 학교에 낯선 사람이 들이닥쳐 난동을 부리는 바람에 교사들이 죽거나 다친 사건이 있었습니다. 이때 학부모들을 대상으로 한 설명회에서 다짜고짜 몇몇 학부모들이 "학교의 관리 책임은 어떻게 된 건가?"라며 교장 선생님 이하 모든 교사들을 호통쳤다고 합니다. 아이들을 보호하려다 죽은 교사도 있었는데 말입니다. 항의 이전에 죽거나 다친 선생님들에게 조의를 표하고 감사의 말을 하는 게 순서가 아닐까요? "이런 위기관리가 형편없는 학교에 분노를 금치 못한다"고 학부모는 말했고 언론도 이에 동조하는 발언을 반복했습니다. 언론의 기조가 그러니까 텔레비전을 본 사람들도 그런 줄 알고 있습니다.

대학에도 클레임을 제기하러 오는 부모들이 많이 있습니다. 그 중에 집요하게 클레임을 거는 학부모가 있었습니다. 어떤 직업을 가진 사람인지 알아보았더니 고등학교 교사였습니다. 이런 클레임에 일상적으로 노출되어 있는 사람이 클레임의 '위력'을 뼈저리게 압니다. 그래서 이번에는 자기가 그 위력을 휘두릅니다. 정말 한심한 얘기지요.

"책임자 나와라!" 하며 다른 사람을 질책하는 말투가 어디서든 위력을 떨치고 있습니다. 어떤 문제에 부딪치든 먼저 누가 책임자인지를 묻습니다. 어떻게 하면 자기 책임을 최소한으로 줄이고 타인의 책임을 최대화할 것인가에 전력을 기울입니다. 설령 자기에게 책임이 있어도 그것을 타인에게 전가할 수 있다면 이야말로 '영리한 사회인'이라는 것이 상식이 되어버렸습니다.

히라카와 이 점은 이미 우리 사회에 완전히 정착되어버린 현상 같습니다. 저는 개인적으로 이 현상이 자동차 보급과 관계 있다고 생각합니다. 자동차 접촉사고가 나면 절대로 먼저 사과해서는 안 된다는 얘기가 무섭게 퍼져 나갔지요. 저는 먼저 사과하는 사람이 승자라고 생각하지만, 제 생각과는 다른 이런 가치관이 지나치게 강해졌습니다.

우치다 미국에서는 자동차 사고가 났을 때 "미안합니다"라고 말하면 말한 사람이 책임을 져야 하기 때문에 절대로 해서는 안 된다는 얘기가 있습니다. 하지만 이건 좀 이상합니다. 어느 쪽에 과실이 있든 상대가 부상을 입었을 때 책임 문제는 뒤로 제쳐놓고 "그 일은 나도 유감스럽다"라는 말 정도는 해야 하지 않을까요? 실제로 미국 어느 주에서는 상대에 대한 측은지심에서 "미안합니다"라고 했을 경우, 이 말을 책임의 소리로 해석하지 않도록 법을 고쳤다고 합니다. 그렇습니다. 너무 살벌하지요. 자동차가 서로 부딪혔을 때 "이런 일이 생기다니, 정말 유감입니다" 하는 정도의 말은 서로 할 수 있어야 하지 않을까요?

## 문화자본과 계층화

히라카와   사람들이 요즘 책을 거의 안 읽는 것 같습니다. 선진국 중에서 일본인의 독해력이 가장 떨어진다고 합니다. 생각해보면 일본의 젊은이도 비즈니스맨도 책을 읽지 않습니다. 읽어도 실용서나 처세술 관련 책을 보죠. '어떻게 하면 돈을 벌 수 있을까' 하는 그런 류의 책밖에 읽지 않는 거죠. 그런 걸 책이라고 하기는 그렇습니다.

사람들이 책을 읽지 않게 된 이유는, 책을 읽어도 별로 도움이 되지 않는다고 생각하기 때문인 것 같습니다. 도움이 되지 않는 일은 하지 않는다는 풍조가 만연해서 책을 읽어도 소용없다는 생각이 널리 퍼져 있는 게 아닌가 생각합니다.

B   정보를 수집하는 방법이 다양해졌습니다. 신문이나 텔레비전뿐 아니라 인터넷에서 정보를 얻는 층도 부쩍 늘어나고 있습니다. 확실히 대부분의 사람들이 책을 읽지 않지만 그래도 읽는 사람은 읽습니다.

텔레비전만 보는 계층과 책을 읽는 계층 사이에 격차가 생기지는 않을까요?

우치다　　오늘 논할 틈이 없었지만, 말씀하신 대로 문화자본에서 계층화가 생각보다 심각합니다. '문화자본'이란 피에르 부르디외 Pierre Bourdieu가 처음 사용한 용어로, 쉽게 말하자면 '교양'을 뜻합니다. 미술이나 음악에 대해 비평하는 안목이 있다거나, 적절한 매너와 패션에 대한 감각이 있다거나 와인 관련 상식이 풍부해 선택을 잘할 수 있다거나 하는 것입니다. 프랑스는 계층사회라서 소속 계층이 다르면 사는 세계가 다릅니다. 교류 범위나 대화 주제, 입는 옷, 드나드는 레스토랑도 모두 다르지요. 문화자본은 소속 계층을 표시하는 명함을 대신합니다. 그래서 문화자본을 취급하는 데는 매우 신중합니다. 빈곤층 사람이 루이비통이나 에르메스를 입거나 고급 레스토랑에서 식사를 하는 일은 '규칙 위반'이라고 할까, 거의 '경력 사칭' 같은 거여서 계층사회에서는 금기시됩니다.

　　일본에서는 이런 일은 없었습니다. "쟤는 촌스러워" 정도의 말은 하지만 소속 계층과는 그다지 관계 없는 말이었습니다. 부자든 권력자든 촌스러운 사람은 촌스러운 사람이고, 가난하든 시정잡배든 세련된 사람은 세련된 사람입니다. 그런 점에서 우리 사회는 문화자본과 관련해서는 민주적인 사회였다고 생각합니다.

　　최근 들어 급격하게 문화자본이 사회계층의 기호로 기능하기 시작했습니다. 주류계층의 교양이 점점 아래로 퍼져나가는 한편으로, 높은 계층에는 여전히 자신들의 교양과 취미를 중요하게 생각하는 기풍

이 남아 있습니다.

사토 마나부 교수에게 들은 얘기입니다만, 도쿄대학 세미나에서도 요즈음 학생들끼리의 대화가 잘 되지 않는다고 합니다. 음악 얘기나 미술, 문학 얘기가 나오면 이런 화제를 잘 따라가지 못하는 학생과 유창하게 이야기하는 학생 사이에는 분명하고 뚜렷한 단층이 생기고 있습니다. 어릴 때부터 집에 예술가와 정치가가 출입했다거나, 유학을 해서 외국어를 잘한다거나, 외국에 친구가 있어서 빈번하게 왔다갔다 한다거나, 어려서부터 예능을 배웠다거나, 이른바 옛날부터 해오던 상류 사회의 '교양과목'을 배우면서 자란 아이들이 한편에 있고, 어릴 때부터 학원 다니며 공부만 해서 책도 읽지 않고, 음악도 듣지 않고, 미술도 모르는 학생들이 다른 한편에 있습니다. 이 격차가 이제 줄어들지 않고 있습니다.

이처럼 문화자본의 격차가 두드러진 이유는 사토 교수가 관찰한 곳이 도쿄대학이라는 특별한 곳이었기 때문일 것입니다. 도쿄대의 경우, 학생들이 다른 조건은 같은데 문화자본에서만 분명한 차가 있어서, 통계적으로 이상하다는 것을 금방 알 수 있습니다. 일반 사회였다면 아마 아무도 눈치 채지 못할 것입니다. 왜냐하면 문화자본은 통계적으로 정상분포를 띄고 있지 않기 때문입니다.

하류계층 사람은 문화자본을 풍부하게 갖춘 일본인이 존재한다는 사실 자체를 모릅니다. 일본인은 다 '자기 정도'라고 생각합니다. '교양이 있는 사람'이 어딘가에 있다는 것을 알면 자기에게 교양이 없다는 것도 알게 되고 교양을 익히지 않으면 출세하기 어렵다는 것도 알게 됩니다. 실제로 대학에 입학해서 처음으로 자기에게 문화자본이 없다는 사실을 안 도쿄대 학생은 필사적으로 그것을 만회하려고 합니다. 하지만 자기에게 문화자본이 없다는 사실조차 모르는 계층은 처음부터 노력할 동기 자체가 생기지 않습니다. 그래서 계층간의 문화자본의 격차는 계속 벌어질 수밖에 없지요.

## 가족과 새로운 친밀권

C   가족 문제에 대해 여쭤보겠습니다. 일본의 가족 형태도 지난 20년 동안 극적으로 변했습니다. 교육이 붕괴하는 한편 가정의 붕괴도 일어나고 있는데, 앞으로의 전망에 대해 선생님께서는 어떻게 생각하십니까?

우치다   2년 전에 『이와나미 응용논리학 강좌』 중에 요코하마 대학의 카나이 요시코라는 페미니스트가 책임 편집을 한 『성·사람』이라는 책에 원고를 기고한 적이 있었습니다. 제가 쓴 글은 그저 그런 내용이었지만, 일본을 대표하는 페미니스트 이론가인 카나이 교수가 썼던 내용은 아주 재미있었습니다. 그 글을 읽고 페미니스트도 많이 변했다는 생각을 했습니다.

카나이 교수의 논문 주제는 '친밀권親密圈의 재구축'이었습니다. 지금의 '자기결정·자기책임'론이라면, 힘이 있는 사람은 가정을 버리고 자립하고 아무에게도 의지하지 않는 대신 누구도 보살피지 않습니다. 누구의 보살핌도 받지 않는 대신 자기가 획득한 사회적 자원은 누구와도 공유하지 않는 것입니다. 분명히 힘이 있는 사람은 그래도 좋겠지요. 가족이 자기실현에 장애밖에 안 된다는 것은 강한 인간에게는 맞는 말입니다.

하지만 가족은 자립할 수 없는 구성원도 포함합니다. 많은 가족들은 유아, 노인, 장애인을 포함하고 있고, 능력 있는 구성원이 자기가 벌어들인 수입을 나눠 갖는 형태로 상대적 약자를 지원해왔습니다. 자기결정·자기책임론의 입장에 서면, 약자는 약자인 것의 자기책임을 스스로 져야 합니다. 물론 자기책임을 다 질 수 없기 때문에 부족한 부분은 정부가 책임져야 합니다. 자기결정·자기책임론과 고도 복지사회 이론은 사실 동전의 양면과 같습니다.

페미니스트들은 자기결정·자기책임과 더불어 충실한 사회복지를 동시에 요구해왔습니다. 노인과 환자를 보살피는 일을 가족, 특히 여성에게 강요하는 가족주의가 충실한 사회복지를 정체시켰다는 역사가 있기 때문입니다. 그래서 페미니스트가 가족제도 해체와 정부가 약자를 지원하는 사회복지제도를 동시에 요구했다는 것은 앞뒤가 맞습니다. 하지만 유아와 노인처럼 가족 안에서 가장 약한 존재에 대한 부양 부담을 '서로 강요한다'는 문제제기 속에, '약자는 건강한 자의 자기실현에 장애가 된다'는 발상이 여전히 그 밑바닥에 흐르고 있다면 이것 역시 문제라고 생각합니다.

누구나 어린아이였고, 때로는 병도 들며, 언젠가는 노인이 됩니다. 자신의 인생 중 자기책임·자기결정을 떠맡을 수 있는 건강하고 '강한 주체'인 시기만이 '자기'이고, 그 이외의 기간 동안 '약한 주체'로서의 자기는 '자기가 아니다'라는 사고에는 무리가 있습니다. "유아와 병자와 노인의 보살핌을 강요받으면 내가 자기실현을 하는 데 장애가 되기 때문에 이들의 보살핌은 정부가 하라"고 큰소리로 외치는 사람은 '유아, 병자, 노인인 자신'을 계산에 넣지 않습니다. 예전에 자기가 그랬으며, 앞으로 자기가 그렇게 될 수도 있는 '가정 내 약자'를 받아들일 때 비로소 가정 내의 누군가에게 과도한 부담을 주지 않고, 정부에 다 떠넘기지도 않으면서 약자들을 어떻게 잘 돌볼 것인가 하는 문제가 '자기 구제'의 문제로 설 수 있게 됩니다. 카나이 교수가 '친밀권'이라는 새로운 개념을 제시한 것은 이런 맥락이었습니다. 친밀권에는 '가족'도 당연히 포함되는 거라고 말할 수 없는 부분이 걸렸지만, 앞으로 사회가 나아가야 할 방향은 그 길밖에 없다고 생각합니다.

전후 60년 동안 일본 사회는 약자의 안전망이었던 중간적인 공동체를 계속해서 무너뜨렸습니다. 지역공동체, 친족, 주종관계, 사제관계 전부 다 무너뜨렸습니다. 설날이 되면 온 가족이 한곳에 모여서 집안 어른께 "새해 복 많이 받으십시오" 하고 절하는 풍습은 우리 어린 시절까지는 간신히 명맥을 유지하고 있었습니다. 지금은 그런 혈연 공동체의 결합을 확인하는 의례가 거의 없어졌습니다. 결혼식에 친척을 부르기 싫어 해외에서 식을 올리는 사람이 늘어나고 있고, 장례식에도 아이들을 데려가지 않는 부모가 많습니다. 아마 친척의 얼굴을 알 필요가 없다고 생각하는 것 같습니다. 아파트에서 사는 사람은 옆집 사람이 누군지 모릅니다. 어느 날 불이 꺼지고 문패가 없어져서 보면 이사를 갔구나 하는 식입니다.

이런 일은 정말 심각하게 생각해볼 일입니다. 빈번하게 오갈 정도는 아니지만 무슨 일이 있을 때는 "좀 부탁드려요"라고 말할 정도의 친밀감은 있는 게 좋지 않습니까. 하지만 그렇게 가깝지도 멀지도 않은 '애매한' 친밀감을 만드는 방법을 우리는 60년에 걸쳐 서서히 버리고 말았습니다. 이것을 앞으로 어떻게 재구축할 것인가가 문제입니다.

지금은 고립되어 있는 개인과 개인이 중간적인 완충지대 없이 마주 보고 있습니다. 이것을 보고 걸리적거리는 게 없어 시원하다는 사람도 있겠지만, 스트레스가 가득한 환경에서 사람은 오래 견디지 못합니다. 누구라도 언제까지나 건강하고 전투력을 발휘할 수 있는 것은 아닙니다. 한때 돈을 잘 벌었어도 계속 잘 벌기는 어렵습니다. 어느 시기엔 실패하는 일도 있고 병에 걸리기도 하며 천재지변이 일어나 피해를 입는 일도 있습니다. 불의의 사고로 불구가 되었을 때는 역시 이런 '약한 인간'을 정규 구성원으로 받아들이고 지원해주는 친밀한 네트워크가 있어야 합니다. 지역 공동체든, 혈연 공동체든 우리는 함께하는 사람들로 구성된 상호부조 네트워크를 갖지 않으면 살아갈 수 없습니다.

오늘 리스크 헤지에 대해 많은 말을 했지만, 친밀권은 리스크 헤지를 위한 공동체 이야기였습니다. 오늘날 미혼과 비혼이 늘고 있다고 하지만, 고학력에 고수입인 사람들의 결혼율은 더 높습니다. 수입과 학력이 내려감에 따라 이혼율, 미혼율이 올라갑니다. 다시 말해 사회적인 약자들일수록 조력자가 없는 시스템이 되고 있다는 겁니다. 가족을 만들 수 없는 사람은 병에 걸리거나 장애를 입게 되거나 노인이 되었을 때 곁에서 지원해줄 사람이 없습니다. 약자는 자기의 리스크를 헤지 해줄 중간 공동체를 만들 것을 이데올로기적으로도, 실천적으로도 금지당하고 있습니다. 이런 사실은 좀더 분명히 사람들에게 알려주어어야 합니다.

약자가 약자인 것은 고립되어 있기 때문입니다. 그들은 자기결정·자기책임 또는 '자기를 찾는 여행' 같은 이데올로기에 편승해서 안전망을 해체하는 데 동의하고 자신의 리스크를 증대시키고 있다는 것을 깨닫지 못합니다.

마르크스는 '만국의 노동자여 단결하라'고 했습니다. 하지만 '단결'은 이제 죽은 말입니다. 포스트 모던 이래 '다같이 사이좋게 도우면서 살자'고 하는 인간에게 정말로 중요한 삶의 지혜를 우리들은 말 그대로 헌신짝처럼 버렸기 때문입니다. 이런 흐름을 만든 것에 대해 우리 세대에 중대한 책임 과실이 있다고 보기 때문에 남 탓으로 돌릴 수는 없지만, 이 흐름을 보정하고 '서로 돕는 사회'를 다시 구축해야 한다고 생각합니다.

오늘은 비관적인 얘기만 했지만, 이 점에 대해서 저는 비교적 낙관적입니다. 일본인은 '일제히 변하는' 특성이 있기 때문이지요. '자기를 찾는 여행'이 유행어가 되면 모두가 와와! 하며 그쪽으로 몰려갑니다. 그래서 "자기 찾기는 이제 그만두고 친밀권을 만들자. 서로 신세를 지고 도움을 주는 일은 장래 리스크 헤지를 하는 비용에 비해 싸게 먹힌다"는 말 역시 어느 날 갑자기 '상식'이 될지 모릅니다. 그래서 다 같이 중간 공동체를 만드는 데 열중할지도 모릅니다. 실제로 사회적 강자는 다 그렇게 하고 있기 때문에 '단결하라'는 말은 공허한 이론이 아닙니다. 강자들의 오랜 성공 사례에서 배우자는 것이기 때문에 반론의 여지가 없습니다.

D  우치다 선생님은 가족이 아닌 친밀권으로 어떤 것을 생각하고 계십니까?

우치다  나츠메 소세키 소설 『도련님』의 주인공은 아버지에게도 그다지 사랑받지 못하고 형이랑도 절연한 사람입니다. 키요라는 할멈만이 유일하게 그를 돌봐주지요. 시모무라 코진의 『지로 이야기』도 비슷한 얘기였던 것 같습니다. 옛날 일본에는 집안에 가족이 아닌 사람이 유모나 서생, 하녀 같은 자격으로 들어와 '멘토'까지는 아니지만 부모를 대신해서 기본적인 생리적 욕구를 충족시켜주었습니다. 밥을 먹이고, 깨끗한 옷을 입힌다거나 따뜻한 이부자리에 재운다거나 하는 일은 사실 아주 중요합니다. 예를 들어 부모가 육아를 방기해도 살림을 봐주는 할멈이 아이를 돌봐준다면 아이가 생리적·심리적으로 회복 불능의 손상을 입는 일은 일어나지 않습니다.

요즘은 집 안에 타인을 들이는 일에 다들 거부감을 느끼지만, 얼마 전까지는 집이 좁아도 식모나 심부름꾼을 데리고 함께 살았습니다. 집 안에 가족 이외의 사람이 있어도 다들 아무렇지 않게 가족생활을 영위했습니다. 그런데 이제는 그처럼 집 안에 남과 더불어 사는 능력이 없어져버린 것 같습니다.

이것은 꽤 중요한 능력이라고 생각합니다. 장지문 하나를 사이에 두고 공과 사를 구분할 수 있다는 것은 타인에 대한 상당한 배려가 없으면 어려운 일입니다. 들어가도 좋은 공간과 들어가서는 안 되는 공간의 경계를 차단하거나 방음 장치를 설치하는 식이 아니어도 충분했습니다. 그곳을 넘어서는 안 되는 결계結界와 같은 것이 기능하고 있었습니다. 일단 그 경계선을 감지할 수 있는 신체 능력이 얼마 전까지는 사람들에게 있었습니다,

나츠메 소세키의 『그 후』에서 주인공 다이스케는 일하는 할멈과 서생, 그러니까 타인을 두 사람이나 좁은 집에 데리고 삽니다. 그러면서 집에서 불륜도 저지릅니다. 애인이 집에 오면 할멈은 괜히 시장을 보러 나가고, 서생은 갑자기 생각났다는 듯 "아, 야학에 가는 걸 깜빡했군" 하는 식으로 눈치껏 처신합니다. 이렇게 호흡이 척척 맞았기 때문에 좁은 공간에서도 공생할 수 있었습니다. 오늘날에는 이런 일이 가능하지 않다고 여기는 것이, 단순히 옛날 집은 방 배치가 달랐다거나 보수가 낮았다거나 하는 외적인 이유만은 아닐 것입니다. 오늘날 우리가 공생하는 신체 능력을 잃어버렸기 때문이라고 생각합니다.

앞에서도 히라카와씨가 사업을 즐겁게 하니까 고객이 찾아오더라고 얘기했지만, 실제로 즐겁게 지내는 가족의 모습을 보여주는 방법 외에는 없다고 생각합니다. 이론만 늘어놓아 봤자 아무 소용 없습니다.


## 니트의 미래

E  우치다 선생님께서 지금까지 하신 말씀 중에서 니트 문제는 어떻게 하면 좋을지에 대한 제언은 없으셨던 것 같군요. 어떤 대책이 있을 수 있는지 선생님의 생각을 들려주시기 바랍니다.

니트에 대해서는 우선 실태를 잘 모릅니다. 몇 십만 명이라고 하지만 실제 그 수가 몇 명인지, 성별, 연령 분포, 학력, 경력, 누가 어떤 형태로 부양하고 있는지 통계 자료를 갖추지 않으면 정책을 세우기 어렵습니다. 하지만 뭔가 효과적인 대책을 세우지 않는 한 니트는 계속 늘어날 것은 분명합니다. 정신개조론 같은 것은 아무런 소용이 없고, "취직하면 돈을 주겠다"는 식의 경제적 합리성에 근거한 유인책도 무의미하다는 것을 잘 알고 있습니다.

니트는 노동하지 않고 소비만 하는 존재이기 때문에 지금 당장 니트의 존재 자체로 사회에 특별히 해가 되는 것은 아닙니다. 문제는 잠재적인 것이지요. 지금 집에 들어앉아 있는 사람들이 언젠가 60세, 70세가 되었을 때 사회가 어떤 식으로 그들이 '건강하고 문화적인 최소한의 생활을 할 수 있는 권리'를 담보해줄 것인가를 생각해야 합니다. 역시 세금을 쓰는 수밖에 없습니다. 하지만 '노동으로부터 도피한 자'들은 지금까지의 사회적 약자와는 그 범주가 다릅니다. 노인이나 장애인의 경우는 그들 스스로 사회적인 약자의 위치를 선택한 것이 아니지만 니트는 다릅니다. 헌법이 그들의 교육 받을 권리를 보장하고 직업훈련의 기회도 제공했습니다. 취업할 수 있는 기회가 있었는데도 스스로 공부를 포기하고 노동을 포기한 사람에게 세금을 쏟아 부어 부양해야 합니다. 이러한 정책을 정당화하기 위해서는 그들이 니트가 된 까닭이 자기책임이 아니라 '어느 시대에 지배적이었던 이데올로기의 희생자'라는 점을 납세자들이 받아들여야 합니다.

제가 전문가도 아니면서 교육론과 니트론을 재구성하는 게 급선무라고 한 이유는 니트를 고립시켜서는 안 된다고 생각하기 때문입니다. 노령에 이른 니트를 향해 "모두 자기책임이니까 당신들 맘대로 굶든지 죽든지 하라"는 논리를 정론으로 인정하게 되면 우리 사회는 앞으로도 계속 무수한 니트들을 양산하게 됩니다. "너희들을 부양하기 위한 사회적 비용은 물지 않겠다"고 말한다면 그 '너희들'이 급격히 늘어난다는 역설적인 사태 중심에 우리가 놓이게 되는 것입니다. "너희들은 굶어죽을 리스크를 자기결정으로 선택했기 때문에 감수하겠지만, 우리는 너희를 굶어죽게 놔두지는 않겠다"는 논리를 '상식'으로 등록하는 길만이 니트가 초래하는 사회적 비용을 최소화할 수 있다고 생각합니다.

이해하기 어렵겠지만, "날 그냥 내버려둬"라고 외치는 사람들이 가져올 사회적 비용을 줄이는 방법은 "미안하지만 내버려두지 못하겠어"라고 말하는, 이른바 '참견'밖에 없습니다.

이미 삶의 방식을 바꿀 수 없다고 말하는 니트들은 어쩔 수 없습니다. 그들이 그런 삶을 고집한다면 그들의 노후는 우리가 세금으로 부양하는 수밖에 없습니다. 하지만 더 이상 니트들이 늘어나지 않도록 하기 위해서는 그들에게 "우리 모두가 서로에게 도움을 청하고 도움을 받으면서 이 사회를 유지하고 있다. 그러니 우리는 너희들이 굶어죽게 할 수 없다. 옛날부터 그래왔으니 너무 걱정하지 마라"는 메시지를 전해야 합니다. 이 메시지가 '니트 예비군'에게 전해진다면 그들의 니트화를 막을 수 있을 겁니다.

지금 하는 얘기는 매춘과 관련해서 제가 한 이야기와 맥이 통합니다만, 저는 매춘을 좋게 생각하지는 않지만 실제 매춘으로 생계를 유지하는 여성의 인권은 지켜져야 한다고 생각합니다. 매춘은 위법이지만 매춘부의 인권은 존중되어야 합니다. 이렇게 말하면 사람들은 화를 냅니다. 어느 쪽인지 입장을 분명히 하라고 말이죠. 매춘은 위법이기 때문에 매춘부에게 노동자의 권리는 인정할 수 없다는 융통성 없는 법률가가 한쪽에 있고, 매춘은 개인의 권리이며 부권제 질서에 대한 이의제기이기 때문에 합법화해야 한다는 사회학자가 다른 한쪽에 있습니다. 저의 제안은 '이미 매춘부가 된 사람'의 인권은 지키고, '앞으로 매춘부가 되려는 사람'에게는 "그러지 말라"고 충고하는 것입니다. 극히 상식적인 생각이지요.

니트에 대해서도 같은 말을 하고 싶습니다. '이미 니트가 된 사람'에게는 인권을 지킬 방도를 고안하고, '앞으로 니트가 되려는 사람'에게는 "그러지 말라"고 설득하는 것이지요. '니트 대책'에서 가장 부족한 부분은 상식이 힘을 발휘하는 것이라고 생각합니다. 니트가 된 이유는 요컨대 "세상이 차갑다"고 생각하기 때문입니다. 그러니 "세상은 그렇게 차갑지 않다"는 것을 알려주고 실제로 손을 내밀면 거기서부터 상황은 조금씩 달라질 것입니다.

얼마 전 30년 넘게 집에 틀어박혀 지내던 50대 남자가 어머니가 죽고 나서야 드디어 세상 밖으로 나왔습니다. 지금 실제로 니트가 되어가고 있는 사람들은 그의 모습을 보고 앞으로 몇 년이 지나면 저렇게 될지도 모른다고 생각하고 방향 전환을 할지 모릅니다. 하지만 그쪽으로 가서는 안 된다는 신호를 발산하는 힘이 아직까지는 약합니다.

솔직히 말해 즉효성이 있는 해결책은 없다고 생각합니다. 앞에서 말했듯이 그들은 경제적 합리성에 기초해서 등가교환 원칙에 따라 배움과 노동을 거부하고 있기 때문에, 경제적 합리성과 등가교환 원칙이 세상의 마지막 진리가 아님을 그들이 실감케 하는 수밖에 없습니다.

## 우리가 니트를 책임져야 하는 까닭

F  니트를 왜 우리가 돌봐야 하는지 이해가 안 됩니다.

우치다  그렇다면 참 난처하군요. 하지만 니트를 보살피지 않을 경우 발생할 사회적 비용이 훨씬 더 크다고 생각되지는 않습니까? 비용이라면, 이것 역시 경제적 합리성에 기초한 논의처럼 들리겠지만, 제가 말하는 '비용'은 비즈니스상의 비용이 아니라 인류학적인 의미를 가지는 비용입니다.

만약 니트를 그대로 방치하면 장차 거리는 노숙자로 넘쳐날 것입니다. 이것을 막을 방법은 없습니다. 사회적 능력이 없고 자산도 없기 때문에 부모가 죽으면 거리로 나앉을 수밖에 없습니다. 사회적으로 기초능력이 없는 사람들이 대량으로 거리에 흘러넘칠 때 안전 문제나 위생상의 문제로 어떤 지역 전체가 슬럼 지역이 되면서 발생할 부정적인 경제효과를 생각하면 세금으로 그들을 보살펴주는 편이 훨씬 낫다고 생각합니다.

G  미리 포기하지 말고 그 전에 어떻게든 사회에 복귀시키거나 취업시키는 방법은 없을까요?

**우치다**　앞에서도 여러 번 말했듯이 니트 문제의 최대 난점은 경제적 합리성에 입각해서 보기 때문에 그들은 자신의 생활방식을 합리적인 선택이라고 생각한다는 점입니다. 노동에 대해 제공되는 대가에 납득이 가지 않기 때문에 일하지 않는 것입니다. 무직 상태로 있는 것에 대해 물론 사회적인 대가는 치르겠지만 그것은 일단 등가교환으로는 허용되는 범위라고 판단하기 때문에 니트 상태에 머무는 것입니다. 노동을 하고 낮은 임금을 받는 '불쾌함'보다, 노동하지 않고 부모의 잔소리를 듣고 주위 사람의 눈치를 보는 정도의 '불쾌함'이 더 경미하다고 판단했기 때문에 니트라는 삶을 선택하는 것입니다.

　나름대로는 합리적인 방식이라고 생각하고 있는 사람에게 경제적 합리성으로 대처해봤자 소용없습니다. 그런 삶을 살면 '불리'하다고 말해줘도 '나는 합리적으로 판단해서 선택했다'고 생각합니다. 대다수가 자신의 논리를 필사적으로 지키려고 합니다. 자신의 삶이 이대로 좋다고 여기지는 않더라도 이대로 좋다고 믿고 싶어 합니다. 사회와 관계를 맺지 않음으로써 자기 안의 순수함을 계속 지킬 수 있다고 생각하는 사람을 움직이게 하기 위해 돈이라는 '당근'을 쓸 수는 없습니다. 그들에게 최초로 각인된 '소비주체로서의 정체성'을 근본부터 흔들어놓는 정신적인 사건이 없으면 니트라는 삶은 아마 결코 바뀌지 않을 겁니다.

**H**　제가 일하는 회사에서 니트에 대해 조사를 한 적이 있습니다. 7퍼센트가 정신과 치료를 받은 경험이 있는 사람이었습니다. 역시 병적인 측면도 있는 것 같습니다. 어떤 가정에서 니트가 많이 나오는지 알고

싶군요. 예를 들어 부모와 자식 모두가 일하지 않으면 살 수 없는 빈곤한 가정에서는 나오지 않을 것 같습니다.

우치다　니트는 사회문화적인 존재입니다. 태어난 집의 경제 상태와 니트의 발생은 원리적으로는 관계없다고 생각합니다. 어느 조사에 따르면, 니트가 있는 가정은 평균보다 수입이 적다고 합니다. 흔히 "부모에게 여유가 있으니 아이가 니트가 될 수 있는 거다"라고 말하는 사람이 있지만, 통계적으로는 그렇지 않습니다. 부모가 가난하다는 것이 아이가 니트가 될 가능성을 줄이지는 않습니다. 오히려 부모가 열심히 일하는데도 수입이 적다면 니트에게 '일을 하는 것의 무의미함'을 한층 더 확신시켜주지 않을까요?

H　잘 이해가 안 되지만, 교육 현장에서 "공부는 살아가기 위해 필요한 것"이라는 걸 가르쳐주지 않습니다. 어차피 사회에서 돈을 벌기 위해 필요한 것은 배워야 한다고 차근차근 말해준다면 아이들도 이해할 거라고 생각합니다.

우치다　학교에서 가르친다 해도 소용없습니다. 이미 늦기 때문입니다. 아이들이 노동주체로 출발할지 소비주체로 출발할지 학교에 들어가기 전에 이미 결정됩니다. 어렸을 때부터 집에서 가사일을 돕거나 노동에 참여함으로써 인정을 받고 자란 아이들은 일에 대한 보상이 주는 기쁨을 알고 있어서 니트가 되지 않습니다.

H　확실히 가정이 문제라고 생각합니다. 그런데 제게 두 살배기 아이가 있는데 아이를 고생시키고 싶지는 않습니다. 잘못된 생각인가요?

우치다　잘못된 생각입니다. 옛말에 사랑하는 자식에게는 여행을 시키라는 속담도 있습니다.

| 설령 아이가 집에 틀어박혀 있어도 부모의 퇴직금이나 저축한 돈으로 생활할 수 있을 것 같습니다.

우치다　잘만 하면 일생 동안 집에 들어앉아 살 수 있을지도 모릅니다. 니트는 그다지 사치를 하지 않기에 '연비'가 좋은 편입니다. 나름대로 자족해서 살 수 있습니다. 니트가 '연비가 좋다'는 것은 그들이 자신의 삶을 '합리적'이라고 생각할 때 중요한 논거가 됩니다.

## 주제넘은 커뮤니케이션이 사람을 키운다

| 아는 사람 중에 아들이 니트인 엄마가 있습니다. 아버지는 의사입니다. 아들은 고등학교를 졸업하자 아버지와 같이 있으면 인생이 망가질 것 같다며 집을 나가 계속 혼자 살고 있습니다. 아이에게 아버지는 생활비를 보내줍니다. 엄마는 보내지 말라고 말렸지만, 결국 십 년간 생활비를 보내고 있습니다. 전화도 없고 아무것도 없는 생활이어서 돈이 별로 들지도 않습니다. 최저생계비만 있으면 살 수 있죠. 아들을 만나기 위해서는 날짜와 시간을 적고 "집 앞으로 갈 테니 나와라" 하는 편지를 보내야 아들 얼굴을 볼 수 있습니다. 아들을 만나면 죽지 않고 살아 있다는 것을 실감한다고 합니다. 저는 그 아이가 그런 생활을 십 년 동안 해오고 있다는 말을 듣고 마음이 짠했습니다.

세대가 다르니 어쩌면 제가 잘못 생각하는 것인지는 몰라도, 어릴 때부터 부족함 없는 환경에서 살아서 '사는 감각이 없다'는 느낌을 갖

게 된 것은 아닌지, 그래서 어디까지 할 수 있는지 시험해보고 있는 것 같다는 생각도 들었습니다. 다시 말해 이렇게도 살 수 있다는 것을 시험하는 과정이라는 생각이 들었습니다.

그런데 그 아이가 최근에 일하는 즐거움이나 자신을 표현하는 즐거움을 알게 된 것 같습니다. 돈을 벌기 위해서라기보다 풍요로운 환경에서 자란 탓에 알지 못했던 '일을 한다'는 느낌을 드디어 알게 된 것 같습니다. 그런 아이들은 역시 무엇인가를 찾습니다. 피부로 느낄 수 있는 곳에서 그것을 찾고, 밑바닥을 한번 봐야 자신을 다시 설정해서 새롭게 출발할 수 있다는 걸 알 수 있었습니다.

일본은 그만큼 혜택 받은 사회니까 그 안에서 태어나고 자란 사람은 가난한 시대를 살아왔던 우리와는 또 다른 과정에서 인생을 시작하고 있다는 느낌을 받습니다.

우치다　나는 일본이 결코 혜택 받은 사회라고 생각하지 않습니다. 분명 물질적으로는 풍요로운 사회가 됐지만 삶의 다양성은 제한되고 있고, 사람들 사이의 커뮤니케이션 관계는 점점 빈곤해지고 있습니다. 아이들에게 가하고 있는 규격화, 표준화의 압력은 상상을 초월할 정도로 높습니다. 도저히 그들을 혜택 받은 아이들이라고 말할 수 없습니다.

다른 사람의 삶에 대해 그렇게 생각하는 것 자체가 주제넘은 일이라는 생각이 듭니다. 그 사람에게는 그 나름의 삶의 방식이 있기 때문에 다른 사람의 삶의 조건이 좋다 나쁘다를 말한다는 것은 주제넘은 일이라고 생각합니다.

**우치다**　주제넘은 일을 하는 것이 인간이다. 바로 이것이 오늘의 주제입니다.

｜　그래도 그 사람이 자기 의지로 하는 일에 대해 이렇다 저렇다 하는 것은 좀….

**우치다**　아니, 시끄럽게 떠들어야 합니다.

｜　그러는 것이 인간이라는 말은 이해가 가지만….

**우치다**　주제넘은 커뮤니케이션이 사람을 키웁니다. 과부족 없는 커뮤니케이션이라는 건 없습니다.

｜　그건 잘 알고 있습니다.

**히라카와**　니트는 분명치 않고 애매한 구석이 많아서 사실 잘 몰랐습니다. 예전의 고등유민* 같은 것이라고 생각했습니다. 그런데 그게 아니더군요. 밖으로 나오지 않는 사람들이니까 잘 모르는 것도 당연합니다. 고등유민이라든가 연금생활자가 예전에도 있었습니다. 이들은 근대의 문화를 담당하는 사람들이기도 했습니다. 이들과 니트는 종이 한 장 차이라고 생각했습니다.

　전에 사람이 왜 실어증에 걸리는지를 조사한 적이 있었습니다. 물론 기질적인 실어증도 있지만 대부분은 기질적인 장애가 아니었습니다. 그런데 말을 하지 않습니다. 의식적으로 관계를 거부하는 것입니다. 어떤 책에서는 실어증이 오는 이유에 대해 "당신과 나의 관계는 내가 말

---

*고등유민 : 메이지시대에서 쇼와 초기에 걸쳐 제국대학 등의 고등교육기관에서 교육을 받고 졸업했으면서 경제적으로 어려움이 없어서 일하지 않고 독서 등을 하면서 세월을 보내는 사람을 말한다. 나츠메 소세키가 『도련님』에서 처음 사용한 말이다._역주

한다고 해서 개선되지 않는다"는 생각 때문이라고 설명합니다. 말하는 것이 아무런 의미가 없기 때문에 말하지 않는 것입니다.

통상 우리는 사람 앞에서 말하는 것이 창피하다거나 상대를 잘 모르기 때문에 말하지 않는다는 식으로 실어증을 이해하려는 경향이 있지만 사실은 그 반대입니다. 오히려 너무 잘 알고 있어서 그렇습니다. 실어증에 걸린 사람에게는 지금 말을 거는 상대방이 어떤 사람인지가 '너무 잘 보인다'는 것입니다. 그래서 말하지 않는 겁니다. 모든 것을 알고 있기 때문에 말하지 않습니다. 왠지 니트의 심리 상태가 이것과 비슷한 것은 아닐까요? 공부하고 일하는 것의 의미를 다 알고 있다고 생각하기 때문에 공부도 하지 않고 일도 하지 않습니다.

결론부터 말하면 여기에 뭔가 대처하려는 일은 일체 하지 않는 편이 낫다고 봅니다. 아마도 이 문제는 개별 가정이나 개개인의 대인 관계에서 생겨난 것이 아니라 좀더 심오한, 그러니까 사회경제 시스템이 필연적으로 몰아간, 그들의 외부에 원인이 있다고 저는 이해하고 있습니다. 그래서 외부가 변하지 않는 한 절대 바뀌지 않습니다. 사회가 만들어내는 '외부', 더 크게는 이라크도 '외부'이고, 미국 역시 '외부'이지만, 우리처럼 '내부'에 있는 사람이 '외부'에 있는 사람들을 향해 어떤 눈길을 보내는지 또는 무엇을 할 수 있는지를 잘 생각해보는 것이 중요하다고 봅니다. 하지만 구체적으로 어디에다 돈을 쏟아 붓고 무언가를 하자는 식이 되면 그건 번지수가 달라집니다. 문부과학성의 누군가가 스파르타식으로 근성을 뜯어고치면 된다고 했지만 그건 전혀 대책이 될 수 없습니다.

# 균질성과 다양성

<sup>ㅣ</sup> 니트라는 말을 처음 들었을 때는 재미있는 말이라고 생각했습니다. 저 역시 우치다 선생님께서 말씀하신 니트의 조건 몇 가지에 해당되는 사람입니다. 그래서 순간 흠칫했습니다. 아니, 내가 니트였단 말인가, 하고요.

저는 어렸을 때부터 학교 선생님께 "왜 이런 일을 해야 하나요?" 하며 자주 물었습니다. 그때는 왜 공부를 해야 하는지 이유를 몰라서, 장차 무엇이 될지 알 수 없지만 불합리해도 어쨌든 해보자는 결론을 내리고 공부를 했습니다.

지금 저는 서른두 살입니다. 우리 부모 세대의 가치관은 좋은 대학에 들어가고, 좋은 기업에 들어가고, 좋은 사람과 결혼하는 것이었습니다. 저는 이런 가치관으로 교육을 받았고, 아무 생각 없이 모두 다 그렇다고 여겼습니다. 그런데 결혼해서 어느 날 '왜 이런 일을 하고 있지?' 하는 생각을 하게 되면서 모든 게 혼란스러워졌습니다. '이 일을 하면 정말로 행복할 수 있을까, 아무래도 이것은 나의 행복이 아니다.' 부모님이 시키는 대로 했지만 전혀 행복하지 않았습니다. 처음 회사에 들어갔을 때는 제대로 일도 하지 않는 사람들이 저보다 많은 급료를 받고 있고, 저는 이렇게 열심히 하는데도 이것밖에 못 받는다는 회의가 들었습니다.

<u>우치다</u>　그것은 위험한 전조입니다. 그렇게 생각하는 것이 니트가 되

는 왕도이지요. 극복을 아주 잘하신 겁니다.

J　미국에 가서 제일 좋았던 것은 다양한 사람이 있고, 다양한 가치관이 있다는 점이었습니다. 일본은 아직도 예전과 같은 가치관을 강요합니다. 부모님께서 성공한 경험이 있기 때문에 내게도 그렇게 시키는 거지요. 부모님 세대는 전후 일본 사회를 여기까지 부흥시켰다는 자부심이 있기 때문에 더 강요하십니다. 하지만 세상은 바뀌었고 회사에서 아무리 열심히 일해도 앞이 안 보이는데 아직도 사고방식은 바뀌지 않고 있습니다. 미국에서는 다양한 가치관을 허용하고 있어서 마음이 놓였습니다. 그리고 이제 일본에서든 미국에서든 어디서든 저는 잘할 수 있다는 생각이 듭니다.

우치다　일본의 경우 니트는 균질화의 산물이라고 생각합니다. 영국이나 프랑스의 니트는 계층화의 산물입니다. 일본은 사회가 주는 균질화 압박이 오히려 제도적으로 니트를 양산하고 있습니다. 균질성이 높다는 말은 일본 사회의 '업'과 같은 것으로, 이것은 바뀌지 않고 바뀔 필요도 없다고 봅니다. 왜냐하면 사회가 균질성만 유지하고 있으면 그것이 어떤 사회든 상관없다는 것이 일본인의 '본심'이기 때문입니다. 그래서 어떤 면에서 사회 전체를 조종하는 것이 아주 간단한 일입니다. 나사 하나로 사회의 진행 방향이 순식간에 바뀝니다.

'부화뇌동'이란 말은 줏대 없이 남의 의견 따라 움직인다는 나쁜 의미로 쓰여왔지만, 이제 이를 국민성으로 인정하고 이런 기질을 어떻게 효과적으로 활용할 것인가를 고민하는 편이 더 낫다고 생각합니다.

미안한 말이지만, 방금 말씀하신 "일본 사회는 균질적이고 미국 사회는 가치관이 다양하다"는 말 자체가 일본인의 균질적 사고의 표본을 보여줍니다. "그렇다면 균질적인 사회도 좋지 않은가?"라고 뻔뻔하게 말하는 사람에게는 그래도 다양성의 싹이 있는 셈이고, "균질적이니까 다양화하자"는 발상이야말로 이미 절망적일 정도로 균질적인 사고입니다.

K   그렇다면 정말로 위험한 상태에 있는 것입니다. 저도 실은 히라카와 씨와 마찬가지로 니트의 정의를 잘못 알고 있었고 그래서 제가 니트인 줄 알았습니다. 메이지 시대의 고등유민과 비슷한 구석이 있었고, "내가 사는 방식이 옳다"고 생각한 점에서는 선생님께서 말씀하신 니트의 정의에 해당합니다. 그런데 역시 어딘가 꺼림칙한 구석이 있었고 그 꺼림칙함이 마음이 걸려 니트가 되기 직전에 집에 틀어박히기를 포기하고 다른 사람과 소통하고 사회와 관계를 맺으려고 노력했습니다. 회사에서 20년 가까이 일했는데, 일을 할 때에도 '회사 안의 니트' 같은 존재였지만, 그때도 커뮤니티나 커뮤니케이션을 나름대로 소중히 여기려고 했던 것 같습니다.


## 남의 말을 듣지 않는 사람들

우치다   아까 히라카와 씨가 실어증에 대해 얘기하실 때 "상대의 기분을 훤히 알기 때문에 말할 기분이 나지 않는다"는 예를 들어주셨습니다. 균질성이 높은 사회에서는 누군가 말을 꺼내면 "됐어요. 당신이 무슨 말을 하고 싶은지 다 알고 있어요" 하면서 상대의 입을 닫아버립니다. 사회 구성원이 너나없이 비슷해서 설명하기 위해 굳이 말할 필요가 없다는 환상이 만연합니다. 물론 우리는 타인의 내면을 알지 못하고 자기자신의 내면도 모르기에 '안다'고 하는 것은 착각입니다. 하지만 어쨌거나 본인이 진정으로 무엇을 생각하는지 잘 모르고 있기 때문에 "당신 마음을 잘 안다"는 말을 들으면 자기가 진짜 무엇을 생각하고 있는지, 무엇을 하고 싶은지 자기탐구가 정지해버립니다.

자기 마음은 본인도 잘 모르는 상태이기 때문에 누군가를 상대로 주절주절 얘기하는 동안에, 다시 말해 이쪽 저쪽으로 왔다갔다하는 동안에 이야기가 정리되면서 어렴풋이 윤곽이 잡힙니다. 그러기 위해서는 느긋하게 그 어떤 이상한 이야기에도 "그럴 수도 있지요" 하며 고개를 끄덕이며 들어주는 사람이 필요합니다. 하지만 균질화 사회에서는 들어주는 사람이 구조적으로 존재하지 않습니다. "당신의 마음은 잘 알아요"라는 것이 전제가 되기 때문입니다. 고개를 끄덕거리면서 얘기를 듣고 있는 척은 하지만 실제로는 아무것도 듣지 않습니다. 듣기 전부터 이미 알고 있기 때문입니다. 그래서 얘기가 도중에 끊어지면 "요컨대 이런 얘기지요"라며 정리를 합니다. 이런 사람이 지금 굉장히 많이 늘었습니다.

요로 타케시* 선생님께서 "이제는 삶의 매뉴얼이 없는 시대여서 각자가 연구해야 합니다"라는 내용으로 1시간 30분 정도 강연을 하셨

---

*요로 타케시(1937~ ): 해부학자, 도쿄대학 명예교수. 마음의 문제나 사회현상을 뇌과학, 해부학을 비롯한 의학, 생물학 영역의 다양한 지식으로 설명하는 저술 활동으로 폭넓은 독자층을 얻고 있다._역주

는데 한 질문자가 "선생님, 매뉴얼이 없는 시대에는 어떻게 살면 될까요?"라고 물어서 아연실색하셨다고 합니다. 저 역시 때때로 강연을 하기 때문에 비슷한 느낌을 받는 적이 있습니다. "이 사람은 도대체 내가 지금까지 한 이야기에서 무엇을 듣고 있었을까?"라고 말입니다. 그런 사람은 그 자리에서 들은 이야기를 이전부터 자신이 갖고 있던 틀 속으로 모두 집어넣으려고 합니다. 틀 안으로 들어가지 않는 부분은 다 잘라버리고 자기 식으로 이해한 부분만 취합니다. 그래서 가끔 "내가 이런 사고방식은 좋지 않다"고 거론한 부분을 거꾸로 받아들이는 경우도 있습니다. 예를 들어 "유대인이 세계를 지배한다는 설이 있는데, 그런 건 경솔하게 말하는 게 아닙니다"라고 얘기했는데, 나중에 "좀 전에 선생님은 유대인이 세계를 지배하고 있다고 말씀하셨지요?" 하면서 확인하러 옵니다. 그때 "아닙니다"라고 말하면 깜짝 놀랍니다. 자기가 동의할 수 있는 내용만 잘라서 듣고 있다는 증거입니다. 그런 사람이 자꾸 늘어나고 있습니다.

J　　젊은이들만이 아니고 중년들 중에도 그런 사람이 굉장히 많습니다. 회사에서 같은 부서 사람들끼리는 왠지 일상의 이야기 정도는 통할 것 같은 기분이 듭니다. 하지만 부서가 다른 사람과 그룹을 이루게 되거나 회사를 나오게 되면 커뮤니케이션이 전혀 안 되는 경우가 있습니다.

우치다　　회사에는 그 집단에서만 통하는 특수어법이 있습니다. 정치인은 "국가란 무엇인가?"를 묻지 않고, 공무원은 "국익이란 무엇인가?"를 묻지 않으며, 비즈니스맨도 "화폐란 무엇인가? 교환이란 무엇인가?"를 묻지 않습니다. 이런 것들은 당연히 '알고 있다'는 전제하에 일을 하기 때문입니다. 그들이 함께 사용하는 용어의 의미를 전부 알고 있다는 거짓 전제 하에 일을 하는 것입니다. 그래서 상대방이 말하는 것 중에 이해할 수 없는 소음이 끼어들면 그 소음을 어떻게 신호로 읽어낼지 그 능력을 개발하는 데 지적 자원을 거의 사용하지 않습니다. 하지만 커뮤니케이션이란 본래 '아는 것'만 주고받는 것이 아니라 '모르는 것'을 '아는 것'으로 바꿔가는 것입니다. 자기가 '아는 것'의 영역을 넓혀가는 것입니다. 그러자면 '가청 음역'을 넓히고, '튜닝 능력'을 높여야 합니다. 이런 능력 개발을 목표로 꾸준히 훈련을 하다보면 언젠가는 나와 어법이 다르고 다른 어휘를 구사하는 사람과 만났을 때도 상대의 메시지를 알아듣고 그 사람의 가청 음역에 내 메시지를 발신하는 그런 섬세한 수작업을 할 수 있게 됩니다.

ㄴ  조금 전 미국 얘기가 나왔는데, 미국 사회의 다양성은 다문화가 병존하는 것이지 개개 문화권 내부는 역시 균질적이라고 생각합니다. 한 예로 WASP* 중에 다양성은 전혀 없습니다. 몹시 경직되어 패턴화되고 있습니다. 미국의 다양성은 그곳에 살고 있는 인종 그룹의 수가 많다는 것입니다. 각각의 인종적 가치관을 따르는 다양한 사람들과 커뮤니케이션을 해야 하기 때문에 커뮤니케이션 능력이 향상됩니다. 하지만 역시 커뮤니케이션을 둘러싼 말썽은 자주 일어나지요. 특히 일본

---

*WASP: White Anglo-Saxon Protestant의 약자로 미국사회의 주류를 형성하고 있는 정통적 미국인을 가리킨다. _역주

인처럼 상대와 호흡이 척척 맞아야 한다고 생각하고, 상대는 아마 이렇게 생각하고 있을 것이라고 혼자 앞서 나가면 갈등이 일어납니다. 귀찮더라도 "이것은 이렇게 하는 게 좋겠지요?"라며 하나하나 짚고 넘어가는 노력이 필요합니다.

우치다 '다문화 공생'이라고 말하지만, 다문화라고 해도 요컨대 균질성이 높은 인종 그룹이 혼재할 뿐, 그룹 내부의 균질성은 경우에 따라서는 일본 사회보다 더 강한 그룹도 있습니다. 미국 사회 전체로 볼 때는 분명히 다양한 가치가 공존하고 있지만, 개인이 소속한 인종 집단 내부를 보면 "우리 그룹 구성원이면 이렇게 생각하고 저렇게 행동하라"는 매우 엄격한 규제가 있습니다.

진정한 '다문화 공생'이란 한 사람 한 사람 안에 복수의 가치관, 복수의 언어, 복수의 미의식이 혼재해 있어, 그것이 느슨하게 통합되어 가는 과정을 통해서만 실현 가능하다고 저는 생각합니다. 그런 의미에서 다문화 공생이 실현된 사회는 아직 어디에도 없지만요.


## 시간성의 회복

히라카와 도시화라는 것은 말을 바꾸면, 시간을 단축해서 제로로 만드는 것과 거의 비슷한 의미라고 생각합니다. 즉, 도시화는 무엇인가가 이동하는 데 걸리는 시간을 최단 시간으로 만든 결과이고, 몸을 움직이지 않고 일을 끝낼 수 있도록 하는 것도 도시화입니다. 이런 편리성의 추구는 모두 시간을 제로로 만든다는 요청에서 나왔습니다. 오늘 얘기는 시간의 회복이 주요 주제의 하나였다고 생각합니다. 시간의 회복에 대한 어떤 대책이 있을까요?

우치다　도시생활에서 어떻게 시간성을 회복할 것인가는 아주 방대하고 재미있는 주제입니다. 문득 생각난 것이지만 예를 들면 '일과를 지키는 것'도 한 가지 길입니다. 일과를 무너뜨리지 않는 것입니다. 의외라고 여기시겠지만, 도시화가 가져온 가장 커다란 변화는 사람들이 일과를 지키지 못하게 되었다는 것입니다.

제가 어렸을 때 아버지는 매일 같은 시간에 같은 전철을 타고 집으로 돌아오셨습니다. 집에는 전화가 없어서 아버지는 회사에서 "오늘은 좀 늦겠어"라고 연락을 할 수 없었습니다. 늦게 오시는 날이면 아침에 출근하실 때 "오늘은 늦을 거니까 저녁은 준비하지 마라"고 미리 얘기하고 나가셨습니다. 하루가 저물기 전에 일정이 바뀌는 일은 거의 없었습니다. 그래서 저녁에 비가 오면 아이들은 우산을 들고 역에 아버지를 마중나갈 수 있었지요. 몇 시 전철로 돌아오시는지 잘 알기 때문입니다. 오후부터 비가 오면 아버지를 기다리는 아이들이 여기저기 보였습니다. 전철에서 아버지가 내리시면 우산을 내밀고 아버지와 손을 잡고 함께 돌아왔습니다. 이런 때는 상으로 과일을 사주시거나 문방구점에 들러 연필을 사주시거나 했지요.

이제 이런 일은 있을 수 없습니다. "오늘은 늦을 거야"라는 전화 한 통으로 끝나니까요. 밤늦게 집에 들어와도 "밥 먹고 싶어" 하면 전자레인지로 5분 만에 식사 준비가 끝납니다. 가마솥에 밥을 하고 풍로로 생선을 구웠던 그 시절엔 온 가족이 시간에 맞춰 일과를 지키는 생활을 하지 않으면 살아갈 수 없었습니다. 그래서 오히려 생활이 여유롭고 평화로웠습니다. 일과를 지키면서 살면 하루가 길게 느껴집니다. 시간 감각이나 사계절의 변화, 아침저녁의 아주 미세한 공기의 변화, 비 개인 후의 흙 냄새, 그해 처음으로 불어온 남풍, 태풍의 전조인 검은 구름 같은 것들이 '사건'으로 또렷하게 다가옵니다. 아이들은 시계가 없기 때문에 밖에서 놀고 있어도 시간을 대충 예측할 수 있습니다. 뱃속에 시계가 있어서 저절로 시간을 알게 되지요. 밥 먹을 시간이 6시 반으로 정해져 있으면 6시쯤 되면 몹시 배가 고파집니다. 몸 자체가 시간화되어 있던 셈이지요.

지금 아이들을 보고 있으면 요일에 따라서 스케줄이 다르고 밥 먹는 시간도 다릅니다. 이날은 학원에 가고, 이날은 수영하러 가고, 이날은 피아노를 배우러 갑니다. 이렇게 매일매일의 생활이 규칙적이지 않습니다. 불규칙한 생활은 스트레스가 심합니다. 스트레스를 견디기 위해서는 시간 의식을 오히려 둔감하게 만들어야 합니다. 매일 같은 시간에 배가 고프면 불규칙적인 생활이 힘들기 때문입니다. 자는 시간, 식사 시간, 목욕하는 시간이 매일 다른 생활을 하다보면 생체시계가 고장납니다. 하루하루의 변화도 알 수 없고 사계절의 변화도 알아차리지 못합니다.

우선 전화가 없는 걸로 하면 어떨까요? "오늘은 늦을 거야"라는 말을 할 수 없는 걸로 하는 것입니다. 아침에 가족끼리 확인한 스케줄을 그날 바꿔서는 안 됩니다. 집으로 돌아오는 시간도 언제나 같은 시간이므로 비가 오면 역까지 우산을 들고 마중을 나갈 수 있습니다. 조금은 불편하겠지만 그것은 정말 좋은 습관이었습니다. 어릴 적 아버지와 둘이서 대화를 나눌 기회는 그 시간밖에 없었기 때문입니다. 도시화, 근대화로 그런 습관을 잃어버렸다는 게 정말이지 너무 아쉽습니다.

이제는 휴대전화가 많이 보급되어 약속 장소를 미리 정하고 만나는 일도 없어지고 있습니다. 하지만 "몇 시 몇 분에 어디서 만나자"라는 약속은 상당히 고도의 기술을 요하는 일입니다. 내가 지금 있는 장소에서 약속 장소까지 몇 분 걸릴지, 이것은 '지도를 보는 능력'보다 더 차원 높은 고도의 기술입니다. 그것은 '시간 속의 지도에서 나의 위치 변화'를 미리 예견하지 않으면 안 되는 일이기 때문입니다.

럭비에서 "저 선수는 스캔이 가능하다"는 말을 합니다. 이 말은 지금부터 몇 초 후에 누가 어디로 움직이고, 거기로 누가 공을 패스해줄지를 예측해서 목표 지점으로 돌진해 들어가는 능력을 말합니다. 공과 선수의 '랑데뷰 포인트'를 예지하는 힘이지요. 천재적인 선수는 야구든 축구든 농구든 다 그렇지만 시간 변수를 계산해서 3차원 시뮬레이션이 가능합니다. 그래서 외야 쪽으로 막 달리다가 몸을 휙 돌리면 외야수 글러브 안으로 공이 쏙 빨려 들어오는 곡예가 가능한 것이죠.

약속 장소에서 정해진 시간에 만나는 것은 이러한 능력을 개발하는 기초훈련이라고 생각합니다. 하지만 휴대전화로 인해 이러한 만남도 차츰 사라져가고 있습니다. 약속 시간이 다 되어서 "미안, 지금 집에서 막 나왔어"라고 전화 한 통만 하면 용서가 되기 때문이지요.

최근 젊은 범죄자는 '수지가 맞지 않는' 일을 저지릅니다. 저는 이것도 마찬가지 맥락이라고 생각합니다. 화가 치밀어서 사람을 칼로 찔렀다거나, 자기를 화나게 해서 집에 불을 질렀다고 합니다. 사람을 찌르면 순간적으로 분노는 해소되고, 집을 태우면 순간적으로 화는 진정될지 모르지만 그 후에는 어떻게 될까요? 체포당하고 구속되고 재판을 받고 형무소에 들어가고, 평생을 전과자로 암울한 일생을 보내야 합니다. 이 시간의 흐름을 가상으로 그려볼 수 있다면 순간의 분노를 해소하는 데 인생을 희생할 정도의 가치가 없다는 것을 알게 될 것입니다. 등가교환에 집착하는 것에 비해 너무 쉽게 인생을 싼값에 팔아치우는 것입니다.

이런 것 역시 시간적인 '스캔' 능력이 떨어져 있는 징후라고 봅니다. 무시간 모델에 너무 익숙해진 탓에 당장의 일에만 관심을 갖습니다. 지금밖에 없다, 내일은 없다, 무슨 대중가요 가사에나 나올 법한 말이지만, 무시간 모델이 거기까지 침투했다고 생각하니 좀 질리는군요.

## 신체성의 교육

히라카와   슬슬 다섯 시간이 다 되어가는군요. 우치다 선생님께 정리를 부탁드리겠습니다. 여러 의견들이 나왔는데 어떻게 생각하십니까?
우치다   이 자리에서는 별로 얘기하지 않았지만 체험교육이라고 할까 수련이라고 할까, 이런 전통적인 교육 기술을 통해 지금은 잃어버린 능력을 계발하는 방법을 어떻게 교육 시스템 안에 다시 한 번 프로그램화할 것인가에 대한 고민이 있어야 한다고 봅니다.

제가 지역사회에 합기도 도장을 연 지 15년이 되었습니다. 제가 설계

한 교육 프로그램에는 나름대로 확신이 있지만, 어떻게 이 프로그램을 누구에게든 적용할 수 있는 좀더 보편적인 형태로 전개할지에 대해서는 아직 명확한 계획이 세워지지 않았습니다. 일단 제자를 많이 길러내어 제 프로그램을 충분히 체험한 제자들이 도장을 열고 이를 통해 이런 내용을 널리 알리는 수밖에 없다고 생각합니다. 소수 서당식 체인점 같은 방식으로 말입니다.

대학에서 제가 할 수 있는 일은 대충 다한 것 같아서 이제 대학교수직에서는 은퇴하고, 여생을 지역 아이들을 가르치면서 도장에서 보내려고 합니다. 에도 시대 작은 동네 도장 같은 것을 세워서 거기서 무예를 배우고 싶은 아이들을 가르친다, 무예로 성공하고 싶은 젊은이가 있으면 자립할 수 있도록 도움을 준다, 집에서 지내기 어려운 아이들이 있으면 도장에서 재우고 먹이는 대신에 청소와 가사 일을 하게 한다, 학문을 하고 싶어 하는 아이가 있으면 원서강독을 하고, 철학과 문학도 가르친다, 주말이 되면 친구들과 모여서 파티를 열고 마작을 하는 이런 열린 학교 같은, 서당이나 도장 같은 커뮤니티의 거점을 만들고 싶습니다.

앞에서도 '친밀권'을 언급했지만, 제가 구상하는 '도장 공동체'도 일종의 친밀권을 만드는 시도라고 생각합니다. 내 신체와 돈을 써서 친밀권 모델을 하나 만들고 싶습니다.

마지막으로 한 가지 더, 오늘 언급하지 못한 논점 가운데 하나는 종교성에 관한 것입니다. 21세기는 전 세계적인 경향으로 매우 종교적인 시대가 되리라고 봅니다. 일본도 당연히 종교성이 강해질 것입니다. 기성 종교집단이 어떻게 될지는 모르겠고, 영적 능력자들이 한동안 대중 매체를 시끄럽게 할지도 모르겠습니다만, 이런 것과는 별개로 일본 사회는 천천히 종교적인 성숙을 향해 나아갈 것입니다.

이것 역시 시간 감각에 관한 것이지만, 우주에는 기원이 있고 종말이 있습니다. 시작이 있으면 끝이 있습니다. 그 유구한 흐름 속의 한 순간을 잡아낼 수 있는 사람을 가리켜 '종교적 인간' 또는 '영적인 인간'이라고 불러도 좋겠습니다. 내가 이 광대한 우주의 다른 곳도 아닌 여기에, 바로 이 순간에, 바로 이 사람과 함께 있다는 사실에 '무언가 위대한 존재'의 뜻을 감지할 수 있으면 인간은 아주 풍요롭고 여유로운 마음을 얻게 됩니다.

영적인 감각은 무시간 모델의 정반대, 이를테면 '최대 시간 모델'이라고 할 수 있습니다. 이러한 장대한 시간 속에 내가 우연히 있다는 감각을 기초로 해서 마침내 나 이외의 누구도 내가 지금 차지하고 있는 이 장소, 이 역할을 대신할 수 없다는 감각, 다시 말해 나의 유일무이성에 대한 확신을 싹틔워 갑니다.

무시간 모델, 비즈니스의 이상적인 모델이 키보드를 두드려서 인터넷상에서 주식 거래가 순간적으로 이루어지는 그런 것이라고 가정한다면 그 특징은 익명성과 비신체성입니다. 오가는 것은 전기 신호뿐이므로 키보드를 두드리는 사람이 누구인지, 어떤 신체를 가지고 있는지는 문제가 되지 않습니다. 가령 주가 변동에 반응해서 주식매매를 하는 프로그램을 컴퓨터에 설치해놓으면 키보드 앞에 인간이 있을 필요도 없습니다. 무시간 비즈니스 모델의 극단적인 형태는 선수에게 "당신이 누구라도 좋다"고 말하다가 마지막에는 "당신은 존재할 필요가 없다"고 알리게 될 것입니다.

우리 사회는 이런 방향으로 계속 흐르고 있지만 생물로서의 본능이 마지막에 가서 "이런 건 싫어요"라며 삐거덕거리듯 비명을 질러댈 것입니다. 인간의 생명력을 그 정도는 믿어도 좋다고 봅니다.

히라카와　대단히 고맙습니다. 우치다 선생님께 다시 한 번 박수를 부탁드립니다.

# 자라나는 세대를 위해
## 어른이 해야 할 역할이 무엇일까

고고학 연구에 의하면 5천 년 전에도 이집트의 기성세대와 젊은이들 사이에는 갈등이 있었다고 합니다. 세대간의 소통은 인류의 피할 수 없는 과제일지도 모르겠습니다. 소비자로서 세상을 만나기 시작하는 아이들이 배움과 일에서 도피하는 모습을 보면서 공동체의 미래를 염려하는 우치다 선생의 이야기를 옮기면서, 한국이라는 사회공동체의 구성원이자 세상을 먼저 살아본 한 사람으로서 나는 지금 여기에서 어떤 역할을 해야 할지, 실존적인 물음을 던지게 됩니다.

학교를 마트처럼 여기는 아이들, 돈을 내고 물건을 사듯이 '스펙'을 구비하는 것을 교육의 전부로 생각하는 이들이 나날이 늘어나고 있는 이 시대에 인간적인 성숙의 의미를 되새기게 하는 우치다 선생의 이야기는 교육의 근본을 다시 생각해보게 합니다. 마트에서 물건을 사서 나오는 이에게는 돈 대신 손에 물건이 하나 들려 있는 것 외에 아무런 변화가 없지만 진정한 배움이란 애벌레가 나비가 되듯이 존재의 변화를 동반한다는 것을 설득력 있게 들려줍니다.

어려울 때는 서로 신세를 지면서, 또 서로 주제 넘게 간섭도 하면서 사는 것이 사람살이라는 평범한 진실을 일깨워주는 이 이야기는 '사람 냄새 나는 교육학'이라고 말해도 좋을 듯합니다. 교육이란 것이 건축 공학처럼 '인재'를 길러내어 그 재목들로 그럴 듯한 집을 짓는 것이 아니라 공동체를 책임질 수 있는 사람, 어른다운 어른을 길러내는 일이어야 함을 새삼 깨닫습니다.

이 책 말미에 스스로 밝힌 포부 대로, 우치다 선생은 자신이 살고 있는 집 일층에 합기도 도장을 열어 지역의 아이들과 어른들의 커뮤니티 공간으로 꾸리고 있습니다. 도장에서 레비나스 철학 강의도 한답니다. 개풍관凱風館이라는 이름의 이 도장은 새로운 개념의 학습공동체로, 서로를 도우면서 살아야 제 한 몸도 제대로 건사할 수 있음을 가르치는 도량이 되고 있습니다. 말만 하는 학자가 아니라 자신이 말한 대로 사는 그의 삶은 이 시대에 어른이 해야 할 역할이 무엇인지를 보여주는 좋은 모델이 아닐까 싶습니다.

이 책을 옮기면서 글로벌 시대의 자본주의가 부추기는 '개성을 강조하는 교육'의 이면을 들춰보고, '자기 찾기'라는 이데올로기 속에 숨어 있는 함정을 들여다보면서, 이른바 진보적인 교육이 추구하는 가치들을 되짚어보게 되었습니다. 집단주의 교육에 대한 반작용에서 비롯된 이러한 움직임들이 사람을 고립화시키는 위험이 있음을 일깨워주었습니다. 많은 생각거리를 던져준 이 책이 아무쪼록 독자들에게도 생각의 균형추 역할을 해줄 수 있기를 기대합니다.

# 하류지향

—

초판 1쇄 발행  |  2013년 7월 30일
초판 10쇄 발행  |  2023년 12월 5일

—

글쓴이  |  우치다 타츠루
옮긴이  |  김경옥
펴낸이  |  현병호
편집  |  장희숙
디자인  |  봄밤에별은
펴낸곳  |  도서출판 민들레
주소  |  서울시 성북구 동소문로 47-15
전화  |  02) 322-1603
팩스  |  02) 6008-4399
이메일  |  mindle1603@gmail.com
홈페이지  |  www.mindle.org

—

ISBN 978-89-88613-53-5  03370
값은 뒤표지에 있습니다. 잘못된 책은 바꾸어 드립니다.